L'Art d'aimer

DU MÊME AUTEUR (en français)

Avoir ou être, Laffont, 1978.

Bouddhisme zen et psychanalyse, P.U.F., 1981 (avec D.T. Suzuki et Richard de Martino).

Le Cœur de l'homme, Payot, 1979.

De la désobéissance et autres essais, Laffont, 1983.

Le Dogme du Christ et autres essais à propos de la religion, la psychologie et la culture, Complexe, 1975.

Grandeur et limites de la pensée freudienne, Laffont, 1980.

Le Langage oublié, Payot, 1980.

La Maison de Sigmund Freud. Une analyse de sa personnalité et de son influence, Complexe, 1975.

La passion de détruire. Anatomie de la destructivité humaine, Laffont, 1976.

Psychanalyse et religion, Epi, 1968 (en réimpression).

Société aliénée et société saine, Courrier du Livre, 1971.

Vous serez comme des dieux. Une interprétation radicale de l'Ancien Testament, Complexe, 1975.

Les traducteurs tiennent à remercier ici Monsieur J.M. Berbain qui a bien voulu accepter la révision complète de leur travail et Monsieur Henri Van Lier qui a revu le difficile paragraphe consacré à « l'amour de Dieu ».

Les sous-titres sont de l'éditeur.

Erich Fromm

L'art d'aimer

traduit de l'américain
par J.-L. Laroche et Françoise Tcheng

ēpi

L'édition originale, en anglais, de cet ouvrage est publiée par Harper & Row Publishers, Inc., sous le titre

THE ART OF LOVING

dans la collection « World Perspectives » dont le directeur est Ruth Nanda Anshen. Le comité d'éditeurs comprend : Lord Kenneth Clark, Werner Heisenberg, Sir Fred Hoyle, Ivan Illich, Konrad Lorenz, Joseph Needham, I.I. Rabi, Sarvepalli Radhakrishnan, Karl Rahner s.j., Alexander Sachs, C.N. Yang.

DDB, 76 bis, rue des Saints-Pères, 75007 Paris
ISBN 2-220-02531-4

Sommaire

AVANT-PROPOS 11
I. L'AMOUR EST-IL UN ART ? 13
II. LA THÉORIE DE L'AMOUR 21
1. L'amour, réponse au problème de l'existence humaine 23
Angoisse de la séparation et besoin de la surmonter 24
Première solution partielle : les états orgiaques 27
Deuxième solution partielle : le conformisme 29
Troisième solution partielle : le travail créateur 33
L'amour, seule solution humaine 34
Les formes imparfaites de l'amour par union symbiotique 35
L'amour accompli, pouvoir actif de participation 37
Signification du don 39
Sollicitude de l'amour 43
Amour et responsabilité 45
Amour et respect 45
Amour et connaissance 46
Amour, réunion de l'homme total : polarité masculine et féminine 50
Erreur de Freud 53
2. L'amour entre parents et enfants 57
3. Les objets d'amour 65
a. L'amour fraternel 66
b. L'amour maternel 68
c. L'amour érotique 72
d. L'amour de soi 77
e. L'amour de Dieu 83
Passage des religions matriarcales aux religions patriarcales 84
Passage du principe anthropomorphique au principe monothéiste 87

Logique aristotélicienne et logique paradoxale 92
Implications sur le plan religieux et éthique 96
Amour de Dieu et amour des parents 99
III. L'AMOUR ET SA DÉSINTÉGRATION
DANS LA SOCIÉTÉ OCCIDENTALE CONTEMPORAINE 103
La structure du capitalisme 103
Conséquences : l'homme-marchandise..............................106
L'amour comme relation d'équipe 107
Primat de la technique sexuelle..............................108
Réduction de l'amour à la sexualité chez Freud..................109
Sullivan et l'égoïsme à deux..............................113
Formes d'amour névrotiques d'origine familiale..................115
Autres formes pathologiques de l'amour 119
Désintégration de l'amour de Dieu..............................124
IV. LA PRATIQUE DE L'AMOUR..............................127
Ce que requiert la pratique de tout art 128
Pratique de la discipline 131
Pratique de la concentration..............................132
Sensibilisation à soi-même 135
Exigences propres à l'amour :
l'objectivité, remède au narcissisme 138
Foi rationnelle et foi irrationnelle 141
Orientation active et productive 148
Distinction entre amour et équité 149
Pratique de l'amour dans la société actuelle 150

Celui qui ne sait rien, n'aime rien. Celui qui n'est capable de rien ne comprend rien. Celui qui ne comprend rien est sans valeur. Mais celui qui comprend, celui-là aime, observe, voit... Plus on en sait sur une chose, plus grand est l'amour... Qui imagine que tous les fruits mûrissent en même temps que les fraises ne sait rien des raisins.

Paracelse

Avant-propos

On s'exposerait à la déception en n'attendant de ce livre que de faciles recettes sur l'art d'aimer. Ce que nous voulons montrer en effet, c'est que l'amour n'est pas un sentiment à la portée de n'importe qui : il dépend de notre niveau de maturité. Que le lecteur soit bien persuadé que tous ses efforts en ce domaine sont voués à l'échec s'il ne s'essaie pas assidûment à épanouir sa personnalité en vue d'une orientation productive ; que l'amour individuel ne peut être source de satisfactions si l'on n'est pas capable d'aimer ses semblables, si l'on manque d'humilité, de courage, de foi, de discipline vraie. Dans une culture où ces qualités sont rares, un amour accompli doit être exceptionnel : demandons-nous seulement combien nous avons connu de personnes réellement aimantes.

Que la tâche soit ardue n'est pas une raison pour s'abstenir d'en explorer les difficultés et les conditions de réalisation. Pour ne pas compliquer inutilement les choses, nous nous sommes efforcé de traiter le problème dans une langue aussi peu technique que possible et nous nous en sommes tenu à un minimum de références à la littérature sur l'amour.

1
L'amour est-il un art ?

L'amour est-il un art ? En ce cas, il requiert connaissance et effort. Ou bien l'amour est-il une sensation agréable, dont l'expérience est affaire de hasard, ce dans quoi l'on « tombe » si la chance vous sourit ? Ce petit livre se fonde sur la première prémisse, bien que sans nul doute la plupart des gens croient aujourd'hui en la seconde.

Non point que les gens s'imaginent que l'amour soit sans importance. Ils en sont affamés, ils vont voir d'innombrables films sur des histoires d'amour heureuses et malheureuses, ils écoutent des centaines de chansons d'amour des plus médiocres – et, cependant, presque personne ne pense avoir tant soit peu à apprendre sur l'amour.

Cette attitude singulière relève de plusieurs prémisses qui, séparément ou conjointement, tendent à la soutenir. Pour la plupart, le problème essentiel de l'amour est d'*être aimé* plutôt que d'*aimer,* d'être capable d'amour. Dès lors, leur problème est de savoir comment être aimé, comment être aimable. En quête de ce but, ils suivent différentes voies. L'une d'elles, plus masculine, est de remporter des succès, de s'affirmer en puissance et richesse dans les limites de sa position sociale. Une autre, plus féminine, est de chercher à plaire, en cultivant son corps, sa toilette, etc. D'autres moyens de séduire sont communs aux deux sexes : développer des manières avenantes, une conversation agréable, se montrer attentionné, modeste, inoffensif. Bien des façons de se rendre aimable sont identiques à celles qui sont utilisées pour remporter des succès, pour « se faire des amis et agir sur autrui ». A vrai dire, ce que la plupart des gens dans notre culture entendent par être aimable, consiste essentiellement en un mélange de popularité et de sex appeal.

Une seconde prémisse sous-jacente à l'attitude selon laquelle il n'y a rien à apprendre sur l'amour revient à supposer que le problème de l'amour est un problème d'*objet,* et non un problème de *faculté*. Les gens pensent qu'il est simple d'aimer, mais qu'il est difficile de découvrir le « bon objet » à aimer – ou qui les aimera. Cette attitude découle de plusieurs raisons enracinées dans le développement de la société moderne. Mentionnons, entre autres, le changement important qui se produisit au vingtième siècle quant au choix d'un « objet d'amour ». A la période victorienne, l'amour n'était que rarement une expérience personnelle spontanée pouvant ensuite mener au mariage. Au contraire, le mariage était contracté par convention – soit par les familles respectives, soit par un médiateur, soit sans l'aide de tels intermédiaires ; il était conclu sur la base de considérations sociales, et l'on supposait que, le mariage conclu, l'amour s'épanouirait. Au cours des quelques dernières générations, le concept d'amour romantique est devenu presque universel dans le monde occidental. Aux Etats-Unis, bien que des considérations de nature conventionnelle n'aient pas complètement disparu, c'est surtout l'« amour romantique » que l'on recherche, l'expérience personnelle de l'amour qui, ensuite, conduira au mariage. Ce nouveau concept de liberté dans l'amour doit avoir fortement rehaussé l'importance de l'*objet* au détriment de l'importance de la *fonction*.

Un autre trait caractéristique de la culture contemporaine est étroitement lié à ce facteur. Toute notre culture se fonde sur un appétit d'achat, sur l'idée d'un échange mutuellement profitable. L'homme moderne trouve son bonheur à regarder avec frénésie les vitrines des magasins et à acheter tout ce que ses moyens lui permettent d'acquérir, en argent comptant ou à tempérament. Il (ou elle) regarde les gens de la même façon. Pour l'homme, une fille attrayante – et pour la femme, un homme séduisant – sont les prix qu'ils convoitent. « Attrayant » signifie d'habitude un joli paquet de qualités qui jouissent de popularité et sont recherchées sur le marché de la personnalité. Ce qui spécifiquement rend une personne attrayante dépend de la vogue du temps, au physique comme au moral. Durant les années vingt, une femme qui buvait et fumait, rude et sensuelle, était attrayante ; aujourd'hui, la mode exige plus de réserve et d'attachement au foyer. A la fin du dix-neuvième et au début de ce siècle, on attendait d'un homme qu'il soit agressif et ambitieux – aujourd'hui, il doit être sociable et tolérant – afin d'être un « paquet » séduisant. En tout cas, la sensation de tomber amoureux ne se développe d'habitude qu'en regard de ces denrées humaines qui sont à la portée des possibilités d'échange propres à chacun. J'entreprends une affaire ; l'objet doit être désirable quant à sa valeur sociale et en même temps doit me désirer, considération faite à la fois de mes biens et de mes virtualités manifestes et latentes. Ainsi deux personnes tombent-elles amoureuses lorsqu'elles ont le sentiment d'avoir découvert le meilleur objet disponible sur le marché, compte tenu des limitations de leur propre valeur d'échange. Souvent, comme lors de l'achat d'une propriété immobilière, les potentialités cachées qui peuvent être développées jouent un rôle considérable dans cette transaction.

Dans une culture où prévaut l'orientation commerciale et dans laquelle le succès matériel constitue la valeur éminente, il n'y a guère de quoi s'étonner que les relations amoureuses suivent le même modèle d'échange que celui qui gouverne le marché des affaires et du travail.

La troisième erreur amenant à supposer qu'il n'y a rien à apprendre sur l'amour réside dans la confusion entre l'expérience initiale de *« tomber »* amoureux et l'état permanent d'*être* amoureux, ou mieux encore, de « se tenir » dans l'amour. Si deux personnes qui sont étrangères, comme nous le sommes tous, laissent soudainement s'abattre le mur qui les séparait, et se sentent proches, se sentent une, ce moment d'unicité est une des expériences les plus vivifiantes et les plus émouvantes de la vie. Il est d'autant plus merveilleux et miraculeux pour les personnes qui ont vécu séparées, isolées, sans amour. Ce miracle de soudaine intimité est souvent facilité s'il s'associe à, ou est suscité par, l'attraction et la consommation sexuelles. Cependant, de par sa nature même, ce type d'amour n'est pas durable. Les deux personnes s'accoutument l'une à l'autre, leur intimité perd de plus en plus son caractère miraculeux, jusqu'à ce que leur antagonisme, leurs déceptions, leur ennui mutuel, tuent ce qui a pu subsister de l'émoi initial. Mais voilà, au début elles ne se doutent de rien : elles prennent, en effet, l'intensité de l'engouement, cet état d'être « fou » l'un de l'autre, pour une preuve de l'intensité de leur amour, alors que cela ne fait que révéler le degré de leur solitude antérieure.

Cette attitude – selon laquelle rien n'est plus facile que d'aimer – est restée l'idée dominante sur l'amour malgré les témoignages accablants du contraire. Il n'y a guère d'activité, d'entreprise, dans laquelle on s'engage avec des espoirs et attentes aussi démesurés, et qui pourtant échoue aussi régulièrement que l'amour. Si tel était le cas pour toute autre activité, les gens seraient avides de connaître les raisons de cet échec et d'apprendre comment y remédier – ou bien ils renonceraient à cette activité. Puisque le second terme de cette alternative est impossible dans le cas de l'amour, il semble qu'il n'y ait qu'une seule façon efficace de surmonter l'échec de l'amour – c'est d'examiner les raisons de cet échec et d'étudier la signification de l'amour.

La première démarche qui s'impose est de prendre conscience que l'*amour est un art,* tout comme vivre est un art ; si nous voulons apprendre comment aimer, nous devons procéder de la même manière que pour apprendre n'importe quel autre art, à savoir la musique, la peinture, la charpenterie, ou l'art de la médecine ou de la mécanique.

Quelles sont les étapes nécessaires à l'apprentissage de tout art ?

On peut par commodité distinguer deux parties dans le processus d'apprentissage d'un art : la maîtrise de la théorie et la maîtrise de la pratique. Si je désire apprendre l'art de la médecine, il me faut d'abord connaître les faits touchant au corps humain et aux diverses maladies. Lorsque j'ai acquis cet ensemble de connaissances théoriques, je ne suis encore compétent en aucune façon dans l'art de la médecine. Je ne deviendrai un maître dans cet art qu'après une longue pratique, jusqu'à ce que finalement les résultats de ma connaissance théorique et les résultats de ma pratique fusionnent en un tout – mon intuition, essence de la maîtrise de tout art. Mais, outre l'apprentissage de la théorie et de la pratique, il y a un troisième facteur nécessaire pour devenir un maître dans quelque art que ce soit – la maîtrise de l'art doit être l'objet d'une préoccupation ultime ; il importe que rien au monde n'ait plus d'importance que l'art. Ceci vaut pour la musique, la médecine, la charpenterie – et pour l'amour. Et, peut-être, trouvons-nous ici la réponse à la question de savoir pourquoi les membres de notre culture essaient si rarement d'apprendre cet art, en dépit de leurs échecs manifestes : c'est que, malgré un insatiable appétit d'amour, profondément enraciné, presque tout le reste passe pour plus important : le succès, le prestige, l'argent, le pouvoir – nous consacrons la presque totalité de notre énergie à apprendre comment atteindre ces objectifs, et nous n'en réservons quasi pas à apprendre l'art d'aimer.

Serait-ce que les seules choses considérées comme valant la peine d'être apprises sont celles qui permettent de gagner de l'argent ou du prestige, tandis que l'amour, qui profite « seulement » à l'âme, mais n'est d'aucun profit au sens moderne, serait un luxe auquel nous n'avons pas le droit de consacrer beaucoup d'énergie ? Quoi qu'il en soit, la discussion qui suit traitera de l'art d'aimer en se référant aux distinctions déjà mentionnées : d'abord, je discuterai de la théorie de l'amour – et ceci occupera la majeure partie de ce livre ; après quoi, je discuterai de la pratique de l'amour – du peu qui puisse être *dit* sur la pratique en cette matière, comme d'ailleurs en toute autre.

2
La théorie de l'amour

1
L'amour, réponse au problème de l'existence humaine

Toute théorie de l'amour doit commencer par une théorie de l'homme, de l'existence humaine. Certes, nous rencontrons l'amour, ou plutôt un équivalent de l'amour, chez les animaux, mais leurs attachements relèvent surtout de leur équipement instinctuel ; chez l'homme, par contre, seuls des vestiges de cet équipement instinctuel apparaissent encore en action. Ce qui, précisément, est essentiel dans l'existence de l'homme, c'est qu'il a émergé du règne animal, de l'adaptation instinctive, qu'il a transcendé la nature – bien qu'il ne la quitte jamais ; il en fait partie – mais aussi, qu'une fois arraché à la nature, il ne peut la réintégrer ; dès l'instant où il est éjecté du paradis – cet état d'unité originelle avec la nature – des chérubins aux épées de flammes lui barreraient la route s'il essayait d'y revenir. L'homme ne peut avancer qu'en développant sa raison, en trouvant une harmonie nouvelle, et qui soit humaine, au lieu de l'harmonie préhumaine qui est irrémédiablement perdue.

De par sa naissance, l'homme, entendez la race humaine aussi bien que l'individu, est expulsé d'une situation qui était déterminée, aussi déterminée que les instincts, dans une situation qui est indéterminée, incertaine et ouverte. Il n'y a de certitude que sur le passé – et sur l'avenir dans la mesure où il porte la mort.

L'homme est doué de raison ; il est *vie consciente d'elle-même* ; il a conscience de lui-même, de son semblable, de son passé, et des possibilités de son avenir. Cette conscience de lui-même comme entité séparée, la conscience de la brièveté de sa propre vie, du fait qu'il a été engendré sans sa volonté et qu'il meurt contre sa volonté, qu'il mourra avant ceux qu'il aime, ou eux avant lui, la conscience de sa solitude et de sa séparation, de son impuissance devant les forces de la nature et de la société, tout ceci fait de son existence séparée, désunie, une prison insupportable. Il sombrerait dans la folie s'il ne pouvait s'évader de cette prison et tendre vers l'avant, s'unir sous une forme ou sous une autre avec les hommes, avec le monde extérieur.

Angoisse de la séparation et besoin de la surmonter

L'expérience de séparation suscite l'angoisse ; elle est, à vrai dire, la source de toute angoisse. Etre séparé signifie être coupé de, sans être du tout en mesure d'exercer mes facultés humaines. Dès lors, être séparé signifie être démuni, incapable de saisir le monde – objets et personnes – activement ; cela signifie que le monde peut m'envahir sans qu'il soit en mon pouvoir de réagir. En ce sens, la séparation est source d'extrême angoisse. De plus, elle suscite un sentiment de honte et de culpabilité : sentiment qui s'exprime dans l'histoire biblique d'Adam et Ève. Après avoir mangé de l'« arbre de la connaissance du bien et du mal », après avoir désobéi (il n'y a ni bien, ni mal, à moins qu'il n'y ait liberté de désobéir), après être devenus humains en s'étant affranchis de l'harmonie animale originelle avec la nature, c'est-à-dire après leur naissance comme êtres humains – ils virent « qu'ils étaient nus – et ils eurent honte ». Pourrions-nous supposer qu'un mythe aussi ancien et élémentaire que celui-ci témoigne de cette moralité prude, caractéristique du dix-neuvième siècle, et que le point important enseigné par cette histoire soit la confusion d'Adam et Ève lorsqu'ils s'aperçurent que leurs organes génitaux étaient visibles ? Il peut difficilement en être ainsi, et en interprétant l'histoire dans un esprit victorien, nous manquons le point principal, qui semble le suivant : devenus conscients d'eux-mêmes et l'un de l'autre, l'homme et la femme prennent aussi conscience de leur séparation et de leur différence, dans la mesure où ils appartiennent à des sexes différents. Mais tout en reconnaissant leur séparation, ils restent étrangers parce qu'ils n'ont pas encore appris à s'aimer l'un l'autre (ce qui est aussi mis en lumière par le fait qu'Adam se défend en blâmant Ève plutôt qu'en essayant de la défendre). *La conscience de la séparation humaine, sans réunion par l'amour – est source de honte. Elle est en même temps source de culpabilité et d'angoisse.*

Ainsi donc, le besoin le plus profond de l'homme est de surmonter sa séparation, de fuir la prison de sa solitude. L'échec *absolu* à atteindre cet objectif signifie la folie, car comment surmonter la panique d'une complète solitude, sinon par un retrait si radical du monde que le sentiment de séparation disparaît – parce que le monde extérieur, dont on est séparé, a lui-même disparu.

L'homme, – de tout âge et de toute culture – se trouve confronté à la solution d'un seul et même problème : comment surmonter la séparation, comment accomplir l'union, comment transcender sa propre vie individuelle et trouver l'unicité ? Le problème se pose dans les mêmes termes pour l'homme primitif vivant dans les cavernes, pour le nomade qui veille sur ses troupeaux, pour le paysan d'Égypte, pour le commerçant phénicien, le soldat romain, le moine du Moyen-Âge, le samouraï japonais, l'employé de bureau et l'ouvrier modernes. Le problème est le même, car il jaillit du même sol : la situation humaine, les conditions de l'existence humaine. Certes, la réponse varie. Le culte animal, les sacrifices humains ou les conquêtes militaires, la complaisance dans le luxe, le renoncement ascétique, le travail obsessionnel, la création artistique, l'amour de Dieu et l'amour de l'Homme, voilà autant de solutions différentes. Néanmoins, si nombreuses soient les réponses – le catalogue en est l'histoire humaine – elles ne sont pas innombrables. Au contraire, dès qu'on néglige les différences minimes qui relèvent plus de la périphérie que du centre, on découvre qu'il y a seulement un nombre limité de réponses qui furent données et pouvaient être données par l'homme dans les différentes cultures où il a vécu. L'histoire de la religion et de la philosophie est l'histoire de ces réponses, de leur diversité, aussi bien que de leur limitation numérique.

Les réponses dépendent, dans une certaine mesure, du degré d'individuation atteint par un individu. Chez le jeune enfant, le moi n'est encore que peu développé : il continue à se sentir un avec la mère et n'éprouve pas le sentiment d'être séparé aussi longtemps qu'elle est présente. A son impression de solitude remédient la présence physique de la mère, ses seins, sa peau. Mais à mesure que l'enfant développe son sens de séparation et d'individualité, la présence physique de la mère ne suffit plus et le besoin se fait jour de surmonter la séparation par d'autres voies.

De même, la race humaine dans son enfance se sent encore une avec la nature. La terre, les animaux, les plantes sont encore le monde de l'homme. Il s'identifie avec les animaux, ce qui se traduit par le port de masques d'animaux, par le culte d'un animal totem ou de dieux animaux. Mais plus la race humaine émerge de ces liens primitifs, plus elle se sépare du monde naturel, plus intense devient le besoin de découvrir de nouvelles manières d'échapper à la séparation.

Première solution partielle : les états orgiaques (abolition du moi séparé)

Une des manières de réaliser cet objectif consiste en toutes sortes d'*états orgiaques*. Ils peuvent se présenter sous forme d'une extase auto-provoquée, parfois à l'aide de drogues. Bien des rituels en honneur dans les tribus primitives offrent une image vivante de ce genre de solution. Dans un état transitoire d'exaltation, le monde extérieur disparaît, et avec lui, le sentiment d'en être séparé. Dans la mesure où ces rituels se pratiquent en commun, s'ajoute une expérience de fusion avec le groupe, qui rend cette solution d'autant plus efficace. A cette solution orgiaque est intimement liée, et souvent confondue avec elle, l'expérience sexuelle. L'orgasme peut produire un état similaire à celui engendré par l'extase ou comparable aux effets de certaines drogues. Des rites d'orgies sexuelles collectives faisaient partie de nombreux rituels primitifs. Après l'expérience orgiaque, il semble que l'homme puisse continuer pour un temps sans trop souffrir de sa séparation. Et lorsque peu à peu renaît la tension de l'angoisse, l'accomplissement réitéré du rituel lui sert à nouveau d'exutoire.

Aussi longtemps que ces états orgiaques sont affaire de pratique commune dans une tribu, ils ne produisent ni angoisse, ni culpabilité. Agir de la sorte est correct, et même vertueux, car c'est là une voie empruntée par tous, approuvée, et recommandée par les guérisseurs ou les prêtres ; il n'y a donc aucune raison de se sentir coupable ou honteux. Il en va tout autrement lorsque la même solution est adoptée par un des membres d'une culture qui a délaissé ces pratiques communes. L'alcoolisme et la toxicomanie sont les formes que choisissent les individus dans une culture non-orgiaque. En contraste avec ceux qui participent à une solution érigée en modèle social, ils souffrent de culpabilité et de remords. Alors qu'ils tentent d'échapper à la séparation en se réfugiant dans l'alcool ou les drogues, ils se sentent encore plus séparés lorsque l'expérience orgiaque a pris fin, si bien qu'ils sont poussés à y recourir avec une fréquence et une intensité croissantes. De ceci diffère peu le recours à une solution orgiaque de nature sexuelle. Dans une certaine mesure, il s'agit d'une forme naturelle et normale pour surmonter la séparation, et d'une réponse partielle au problème de la solitude. Néanmoins, chez bien des individus dont le sentiment de séparation ne trouve aucun soulagement par d'autres voies, la recherche de l'orgasme revêt une fonction qui ne la différencie guère de l'alcoolisme et de la toxicomanie. Elle devient une tentative désespérée d'échapper à l'angoisse de la séparation, mais n'aboutit qu'au sentiment toujours croissant d'être séparé, compte tenu que l'acte sexuel sans amour ne comble jamais la distance entre deux êtres humains, sinon pour un instant.

Toutes les formes d'union orgiaque ont trois caractéristiques : elles sont intenses, même violentes ; elles mettent en jeu la personnalité totale, esprit *et* corps ; elles sont transitoires et périodiques. Il en va exactement du contraire pour cette forme d'union que, dans le passé et le présent, l'homme a choisie comme solution de loin la plus fréquente : l'union fondée sur le *conformisme* au groupe, à ses coutumes, pratiques et croyances. Ici, encore, nous constatons un développement considérable.

Deuxième solution partielle : le conformisme

Dans une société primitive, le groupe est restreint ; il se compose de ceux avec qui l'on partage le sang et la terre. Avec l'essor croissant de la civilisation, le groupe s'élargit : la citoyenneté d'une *polis,* la citoyenneté d'un grand état, les membres d'une église, en deviennent la mesure. Même pauvre, un Romain éprouvait de la fierté parce qu'il pouvait dire : *« civis romanus sum »* ; Rome et l'Empire étaient sa famille, son foyer, son monde. De même, dans la société occidentale contemporaine, l'union au groupe constitue la façon prévalente de surmonter la séparation. C'est une union où, dans une large mesure, le soi individuel disparaît, et dont le but est d'appartenir à la foule. Si je ressemble à quiconque, si je n'ai ni sentiments, ni pensées qui m'en distinguent, si je me conforme aux coutumes, usages vestimentaires et idées, au *pattern* du groupe, je suis sauvé ; sauvé de l'expérience effrayante de la solitude. Les systèmes dictatoriaux recourent aux menaces et à la terreur pour induire ce conformisme ; les pays démocratiques, à la suggestion et à la propagande. Il y a, en effet, une différence importante entre les deux systèmes. Dans les démocraties, l'anti-conformisme s'avère possible et en fait, n'est jamais entièrement absent ; dans les systèmes totalitaires, par contre, on ne peut attendre que de quelques héros et martyrs exceptionnels qu'ils refusent de se soumettre. Néanmoins, en dépit de cette différence, les sociétés démocratiques font preuve de conformisme à un point excessif. La raison en est qu'il *doit* y avoir une réponse à la quête de l'union et qu'à défaut d'une solution autre ou meilleure, l'union par conformisme à la foule devient alors prédominante. On ne peut s'expliquer l'emprise qu'exerce la peur d'être différent, la peur de s'éloigner du troupeau ne fût-ce que de quelques pas, sinon en comprenant à quelle profondeur se situe le besoin de ne pas être séparé. Parfois, cette peur de l'anti-conformisme est rationalisée en une peur des dangers pratiques qui pourraient menacer l'anti-conformiste. Mais en fait, les gens *veulent* se conformer à un degré bien plus élevé qu'ils n'y sont *contraints,* du moins dans les démocraties occidentales.

La plupart des gens ne sont même pas conscients de leur besoin de conformisme. Ils vivent avec l'illusion qu'ils suivent leurs propres idées et penchants, qu'ils sont individualistes, que les opinions auxquelles ils sont arrivés représentent l'aboutissement de leur propre réflexion – et que, si leurs idées rejoignent celles de la majorité, c'est en quelque sorte une coïncidence. Le consensus de tous sert de preuve à la justesse de « leurs » idées. Comme persiste malgré tout un besoin de ressentir quelque individualité, ils le satisfont sur des différences mineures ; les initiales sur le sac à main ou le tricot, la plaque portant le nom du caissier de banque, l'appartenance au parti démocrate par opposition au parti républicain, aux Elks plutôt qu'aux Shriners, deviennent l'expression des différences individuelles. Le slogan publicitaire « c'est différent » révèle ce besoin pathétique de différence, alors qu'en réalité c'est à peine s'il en subsiste quelqu'une.

La tendance croissante à l'élimination des différences est intimement liée au concept et à l'expérience de l'égalité telle qu'elle est en train de se développer dans les sociétés industrielles les plus avancées. Egalité avait signifié, dans un contexte religieux, que nous sommes tous des enfants de Dieu, que tous nous participons à la même substance humano-divine, que nous sommes tous un. Il signifiait aussi que les différences véritables entre les individus devaient être respectées, que s'il est vrai que nous sommes tous un, il est également vrai que chacun d'entre nous constitue une entité unique, un cosmos par lui-même. Une telle conviction de la singularité de l'individu s'exprime par exemple dans l'affirmation du Talmud : « Celui qui sauve une seule vie est comme s'il avait sauvé le monde entier ; celui qui détruit une seule vie est comme s'il avait détruit le monde entier ». L'égalité comme condition de développement de l'individualité, c'est également le sens que la philosophie occidentale des lumières conférait à ce concept. Il signifiait (Kant en a donné la formulation la plus claire) que nul ne doit se servir d'autrui comme moyen de ses propres fins. Que tous les hommes sont égaux dans la mesure où ils sont des fins, et seulement des fins, et jamais des moyens l'un pour l'autre. S'inspirant des idées de la philosophie des lumières, des penseurs socialistes de différentes écoles définirent l'égalité comme l'abolition de l'exploitation, de l'utilisation de l'homme par l'homme, qu'elle soit cruelle ou « humaine ».

Dans la société capitaliste contemporaine, la signification de l'égalité s'est tranformée. Par égalité on se réfère à une égalité d'automates ; d'hommes qui ont perdu leur individualité. *Aujourd'hui égalité signifie « similitude » plutôt que « singularité »*. C'est une similitude d'abstractions, d'hommes qui exécutent les mêmes travaux, qui s'adonnent aux mêmes loisirs, qui lisent les mêmes journaux, qui nourrissent les mêmes sentiments et les mêmes idées. A cet égard, il nous faut aussi considérer avec quelque scepticisme certaines réalisations que l'on vante en général comme des signes de notre progrès, notamment l'égalité des femmes. Cela va sans dire, je ne prends pas parti contre l'égalité féminine ; mais ce qu'il y a de positif dans cette tendance à l'égalité ne doit pas nous abuser. Elle fait partie de ce courant qui porte à l'élimination des différences. L'égalité s'achète à ce prix même : les femmes sont égales parce qu'elles ne sont plus différentes. La proposition de la philosophie des lumières, *l'âme n'a pas de sexe*[x], est devenue d'une pratique générale. La polarité des sexes est en voie de disparaître, et avec elle l'amour érotique, qui se fonde sur cette polarité. Les hommes et les femmes deviennent les *mêmes,* non des *égaux* en tant que pôles opposés. La société contemporaine prêche cet idéal d'égalité non-individualisée parce qu'elle a besoin d'atomes humains, tous semblables, pour les faire fonctionner dans un vaste agrégat, doucement, sans frictions ; tous obéissant aux mêmes ordres, mais chacun étant néanmoins convaincu qu'il suit ses propres désirs. Tout comme la production moderne en grande série requiert la standardisation des produits, ainsi le processus social requiert la standardisation de l'homme, et cette standardisation, on l'appelle « égalité ».

L'union par conformisme n'est ni intense ni violente ; elle est calme, dictée par la routine, et pour cette raison même, suffit rarement à pacifier l'angoisse de la séparation. L'incidence de l'alcoolisme, la toxicomanie, la sexualité compulsive, et le suicide dans la société occidentale contemporaine sont des symptômes de cet échec relatif du conformisme à la foule. De plus, cette solution concerne surtout l'esprit et non le corps, et dès lors s'avère également déficiente en regard des solutions orgiaques. Le conformisme à la foule ne présente qu'un seul avantage ; il est permanent, et non spasmodique. Dès l'âge de trois ou quatre ans, l'individu est introduit dans le *pattern* de conformisme, et par la suite, ne perd jamais son contact avec la foule. Même ses funérailles, qu'il anticipe comme sa dernière grande affaire sociale, demeurent en stricte conformité avec le *pattern.*

---

x En français dans le texte.

Outre le conformisme comme un des moyens de soulager l'angoisse jaillissant de la séparation, il importe de considérer un autre facteur de la vie contemporaine : le rôle de la routine du travail et du plaisir. L'homme devient un « huit heures – midi, deux heures – six heures », il fait partie de la force de travail ou de la force bureaucratique des employés et directeurs. Il a peu d'initiative, ses tâches sont régies par l'organisation du travail ; même entre ceux qui se situent au haut et au bas de l'échelle, la différence est restreinte. Tous accomplissent des tâches prescrites par la structure d'ensemble de l'organisation, à une vitesse prescrite, et d'une façon prescrite. Les sentiments eux-mêmes sont prescrits : gaieté, tolérance, honnêteté, ambition, et capacité de s'accommoder avec tout le monde, sans frictions. De façon similaire, quoiqu'avec moins de rigueur, les loisirs sont routinés. Les livres sont choisis par les clubs de livres, les programmes de cinéma par les distributeurs de films et les propriétaires de salles, avec l'appui de la publicité qu'ils financent ; le reste est tout aussi uniformisé : la promenade dominicale en voiture, la séance de télévision, la partie de cartes, les réceptions. De la naissance à la mort, du lundi au lundi, du matin au soir – toutes les activités sont routinées et préfabriquées. Comment un homme pris dans ce filet de routine n'oublierait-il pas qu'il est un homme, un individu unique, qui n'a reçu que cette seule chance de vivre, avec des espoirs et des désillusions, avec des peines et des craintes, avec le désir nostalgique de l'amour et la terreur du néant et de la séparation ?

Troisième solution partielle : le travail créateur

Une troisième manière d'atteindre l'union réside dans *l'activité créatrice,* que ce soit celle de l'artiste ou de l'artisan. Dans toute espèce de travail créateur, la personne qui crée s'unit avec son matériau, qui représente le monde en dehors d'elle. Qu'il s'agisse d'un menuisier confectionnant une table ou d'un orfèvre une pièce de bijouterie, qu'il s'agisse du paysan qui cultive son grain ou du peintre qui réalise un tableau, dès qu'il y a activité créatrice le travailleur et son objet deviennent un, l'homme s'unit avec le monde dans le processus de création. Ceci n'est vrai, cependant, que du travail productif, du travail où j'organise, élabore, contemple le résultat de mon labeur. En effet, dans la démarche moderne à laquelle est astreint l'employé de bureau, l'ouvrier réduit à n'être que le maillon d'une chaîne interminable, il ne reste que bien peu de cette qualité unificatrice du travail. Le travailleur devient un appendice de la machine ou de l'organisation bureaucratique. Il a cessé d'être lui-même – dès lors, au-delà de l'union par conformisme, aucune autre n'est possible.

L'amour seule solution humaine

L'unité qui se réalise dans le travail productif n'est pas interpersonnelle ; dans la fusion orgiaque, l'unité reste temporaire ; quant à l'unité par conformisme, elle ne constitue qu'une pseudo-unité. Aussi ne s'agit-il que de réponses partielles au problème de l'existence. La réponse plénière réside dans l'accomplissement de l'union interpersonnelle, de la fusion avec une autre personne, dans l'*amour*.

Ce désir de fusion interpersonnelle est le plus puissant dynamisme en l'homme. C'est la passion la plus fondamentale, c'est la force qui maintient la cohésion de la race humaine, du clan, de la famille, de la société. L'échec à le réaliser signifie folie ou destruction – destruction de soi ou destruction des autres. Sans amour, l'humanité ne pourrait survivre un seul jour. Encore que, si nous entendons par « amour » la réalisation de l'union interpersonnelle, nous nous heurtons à une sérieuse difficulté. Il y a, de fait, bien des manières de réaliser la fusion – et les différences entre les diverses formes de l'amour ne sont pas moins significatives que ce qui leur est commun. Faut-il alors donner à toutes l'appellation d'amour ? Ou devons-nous réserver seulement le terme d'« amour » à une forme spécifique d'union, à celle qui, durant les quatre derniers millénaires de l'histoire occidentale et orientale, fut considérée comme la vertu exemplaire par toutes les grandes religions humanistes et conceptions philosophiques ?

De même que pour toute difficulté sémantique, on ne peut trancher que par l'arbitraire. Ce qui importe, c'est que nous sachions de quelle sorte d'union nous nous entretenons lorsque nous parlons de l'amour. Nous référons-nous à l'amour en tant que réponse plénière au problème de l'existence, ou bien visons-nous ces formes imparfaites de l'amour que l'on peut appeler *union symbiotique* ? Dans les pages qui suivent, je ne désignerai par amour que le premier terme de cette alternative, mais je vais entreprendre la discussion sur l'« amour » en partant du second.

Les formes imparfaites de l'amour par union symbiotique

L'union symbiotique a son modèle biologique dans la relation entre la mère enceinte et le fœtus. Ils sont deux, et pourtant ne font qu'un. Ils vivent « ensemble » (*symbiosis*), ils ont besoin l'un de l'autre. Le fœtus fait partie de la mère, il reçoit d'elle ce dont il a besoin, la mère est en quelque sorte son monde ; elle le nourrit, le protège, mais sa propre vie en est aussi valorisée. Dans une union par symbiose *psychique*, les deux corps sont indépendants, mais le même genre d'attachement se retrouve au niveau psychologique.

La forme *passive* de l'union symbiotique est la soumission, ou pour utiliser un terme clinique, le *masochisme*. Le masochiste échappe au sentiment insupportable d'isolement et de séparation en se faisant partie intégrante d'une autre personne qui le dirige, le guide, le protège, qui en est comme la vie et l'oxygène. Le pouvoir de la personne à qui l'on se soumet, qu'il s'agisse d'un humain ou d'un dieu, est surestimé ; elle est tout, je ne suis rien, sinon dans la mesure où j'en fais partie. En tant que partie, je participe à sa grandeur, à son pouvoir, à sa certitude. Le masochiste n'a pas à prendre de décisions, n'a pas à assumer le moindre risque ; il n'est jamais seul – mais il n'est pas indépendant ; il n'a aucune intégrité ; il n'est pas encore pleinement né. Dans un contexte religieux, l'objet de culte s'appelle une idole ; dans le contexte profane d'une relation d'amour masochiste, le mécanisme essentiel, celui de l'idolâtrie, est identique. Lorsqu'à la relation masochiste se mêle le désir sexuel, il ne s'agit plus d'une soumission à laquelle seul l'esprit participe, mais tout le corps également. Il peut y avoir soumission masochiste au destin, à la maladie, à la musique rythmique, à l'état orgiaque déclenché par des drogues ou sous hypnose – dans tous ces cas, la personne renonce à son intégrité, se fait l'instrument de quelqu'un ou de quelque chose en dehors d'elle ; elle n'a pas besoin de résoudre le problème de la vie par une activité productrice.

La forme *active* de la fusion symbiotique est la domination ou, pour utiliser un terme psychologique qui corresponde à masochisme, le *sadisme*. Le sadique veut échapper à sa solitude et à son impression d'emprisonnement en faisant d'une autre personne une partie intégrante de lui-même. Il se surestime et se valorise par incorporation d'une autre personne qui lui rend un culte.

La personne sadique est aussi dépendante de la personne soumise que la seconde l'est de la première ; aucune des deux ne peut vivre sans l'autre. La seule différence est que le sadique commande, exploite, blesse, humilie, tandis que le masochiste est commandé, exploité, blessé, humilié. Sans doute est-ce une différence considérable d'un point de vue réaliste, mais dans un sens émotionnel plus profond, cette différence n'est pas aussi importante que ce qui est commun à tous deux : la fusion sans intégrité. Si l'on comprend ce point, on ne sera pas surpris non plus de constater qu'habituellement une personne réagit à la fois de manière sadique et masochiste, en général envers des objets distincts. Hitler réagissait de façon sadique vis-à-vis du peuple, mais de façon masochiste vis-à-vis du destin, de l'histoire, du « pouvoir supérieur » de la nature. Sa fin – le suicide au sein de la destruction générale – est aussi caractéristique que l'était son rêve de succès – une totale domination[1].

L'amour accompli, pouvoir actif de participation

En contraste avec l'union symbiotique, l'*amour* accompli est une *union qui implique la préservation de l'intégrité,* de l'individualité. *L'amour est chez l'homme un pouvoir actif* ; un pouvoir qui démantèle les murs séparant l'homme de ses semblables, qui l'unit à autrui ; l'amour lui fait surmonter la sensation d'isolement et de séparation, tout en lui permettant d'être lui-même, de maintenir son intégrité. Le paradoxe de l'amour réside

1 Cf. l'étude plus détaillée de E. Fromm sur le sadisme et le masochisme dans *Escape from Freedom,* Rinehart & Compagny, New York, 1941.

en ce que deux êtres deviennent un et cependant restent deux.

Si nous disons de l'amour qu'il est « activité », nous nous heurtons à une difficulté qui tient à la signification ambiguë de ce terme. Par « activité », selon l'acception moderne de ce mot, on entend d'habitude une action qui, par une dépense d'énergie, opère un changement dans une situation existante. Ainsi considère-t-on un homme comme actif s'il fait des affaires, étudie la médecine, travaille à la chaîne, construit une table, ou se livre aux sports. Toutes ces activités ont ceci en commun qu'elles visent un but extérieur à atteindre. Ce dont il n'est *pas* tenu compte, c'est de la *motivation* de l'activité. Considérons, par exemple, un homme poussé à un travail incessant par un sentiment d'insécurité et de solitude profondes ; ou un autre poussé par l'ambition ou la soif de l'argent. Dans tous ces cas, l'individu est esclave d'une passion, et son activité est en fait une « passivité » parce qu'il est poussé ; il est victime, non « acteur ». D'autre part, un homme qui se tient tranquille et qui contemple, sans autre intention ou objectif que de faire l'expérience de lui-même et de son unicité avec le monde, on le considère comme « passif » parce qu'il n'est pas « en train de faire » quelque chose. En réalité, cette attitude de méditation concentrée représente la plus haute activité qui soit, une activité de l'âme, qui n'est rendue possible que par la liberté intérieure et l'autonomie. Ainsi donc, au sens moderne, le concept d'activité se réfère à une dépense d'énergie en vue de la réalisation d'objectifs externes, tandis qu'en un autre sens, il se réfère à la mise en œuvre de pouvoirs inhérents à l'homme, sans se soucier qu'ait lieu un changement extérieur. Ce second sens du concept d'activité, Spinoza l'a formulé très clairement. Il distingue parmi les affects ceux qui sont actifs et passifs, les « actions » et les « passions ». Dans l'exercice d'un affect actif, l'homme est libre, il est maître de son affect ; dans l'exercice d'un affect passif, l'homme est poussé, objet d'une motivation dont il n'est pas lui-même conscient. Ainsi Spinoza en vient-il à affirmer que la vertu et le pouvoir sont une seule et même chose[2]. L'envie, la jalousie, l'ambition, toute espèce de cupidité, sont des passions ; l'amour est une action, la pratique d'un pouvoir humain qui ne peut s'exercer que dans la liberté et jamais sous l'effet d'une contrainte.

L'amour est une activité, non un affect passif ; il est un « prendre part à », et non un « se laisser prendre ». De manière très générale, on peut en expliciter le caractère actif en disant ceci : l'amour consiste essentiellement à *donner,* non à recevoir.

Signification du don

Qu'est-ce que donner ? Si simple qu'elle paraisse, la réponse à cette question s'avère en fait grosse d'ambiguïtés et de complexités. Le malentendu le plus courant est de croire que donner, c'est « abandonner » quelque chose, se priver de, renoncer. La personne dont le développement caractériel n'a pas dépassé le stade où prévaut la tendance à recevoir, exploiter ou amasser, éprouve le don de cette manière. Quant au caractère mercantile, il est prêt à donner, mais à la condition qu'en échange il reçoive ; donner sans recevoir équivaut pour lui à être mystifié[3]. Les gens à orientation non-productive ressentent le don comme un appauvrissement. La plupart des individus de ce type se refusent par conséquent à don-

---

2 Spinoza, *Ethique* IV, Def. 8.

3 Cf. une discussion approfondie de ces orientations du caractère dans E. Fromm, *Man for Himself,* Rinehart & Company, New York, 1947, Chap. III pp. 54-117.

ner. Certains, il est vrai, érigent le don en vertu, mais en le concevant comme un sacrifice. Ils ont l'impression que, précisément dans la mesure où il est pénible de donner, on *devrait* donner ; la vertu du don réside pour eux dans l'acceptation même du sacrifice. De leur point de vue, la norme selon laquelle il vaut mieux donner que recevoir signifie qu'il vaut mieux endurer la privation que faire l'expérience de la joie.

Pour un caractère productif, le don revêt une signification entièrement différente. Il constitue la plus haute expression de puissance. Dans l'acte même de donner, je fais l'épreuve de ma force, de ma richesse, de mon pouvoir. Cette expérience de vitalité et de puissance accrues me remplit de joie[4]. Je m'éprouve comme surabondant, dépensant, vivant, dès lors comme joyeux. Donner est source de plus de joie que recevoir, non parce qu'il s'agit d'une privation, mais parce que dans le don s'exprime ma vitalité.

Il n'est pas difficile de reconnaître la validité de ce principe en l'appliquant à divers phénomènes spécifiques. L'exemple le plus simple se trouve dans la sphère sexuelle. La sexualité masculine atteint son point culminant dans l'acte de donner ; l'homme fait don de lui-même, de son organe sexuel, à la femme. Au moment de l'orgasme, il lui donne sa semence. Il ne peut éviter de donner s'il est puissant. S'il ne peut donner, c'est qu'il est impuissant. Pour la femme, le processus n'est pas différent, encore qu'un peu plus complexe. Elle aussi fait don d'elle-même, elle laisse accéder au centre de sa féminité ; dans l'acte de recevoir, elle donne. Si elle est incapable de donner, si elle ne peut que recevoir, c'est qu'elle est frigide. Chez elle, le don se manifeste encore, non en tant qu'amante, mais en tant que mère. Elle

---

4 A comparer avec la définition de la joie donnée par Spinoza.

donne d'elle-même à l'enfant qui grandit en son sein, elle donne son lait au nourrisson, elle donne la chaleur de son corps. Ne pas donner serait douloureux.

Dans la sphère des réalités matérielles, donner signifie être riche. Non que soit riche celui qui *a* beaucoup, mais celui qui *donne* beaucoup. Le thésauriseur qui, anxieusement, se tracasse à la pensée de perdre quelque chose, voilà bien, psychologiquement parlant, l'homme pauvre, appauvri, si fortuné soit-il. Quiconque est capable de donner de lui-même est riche. Il s'éprouve comme pouvant conférer de lui-même aux autres. Seul celui qui ne disposerait que du strict nécessaire à sa subsistance, sans aucun surplus, serait incapable de prendre plaisir à donner des biens matériels. Mais l'expérience journalière nous apprend que ce qu'une personne considère comme le strict nécessaire dépend autant de son caractère que de ce qu'elle possède effectivement. Il est bien connu que les pauvres acceptent plus volontiers de donner que les riches. Au-delà d'un certain point, il est vrai, la pauvreté peut rendre le don impossible, et dès lors elle est avilissante, non seulement en vertu de la souffrance qu'elle occasionne directement, mais aussi parce qu'elle prive le pauvre de la joie de donner.

Cependant, ce n'est pas dans les choses matérielles que se situe la sphère la plus importante du don, mais dans le royaume spécifiquement humain. Que donne un être à un autre ? Il donne de lui-même, de ce qu'il a de plus précieux, il donne de sa vie. Ceci ne signifie pas nécessairement qu'il sacrifie sa vie pour autrui – mais qu'il donne de ce qui est vivant en lui ; il donne de sa joie, de son intérêt, de sa compréhension, de son savoir, de son humeur, de sa tristesse – bref, de tout ce qui exprime et manifeste ce qui vit en lui. En donnant ainsi de sa vie, il enrichit l'autre, il en rehausse le sens de la vitalité en même temps qu'il rehausse le sien propre. Il ne donne pas dans l'intention de recevoir, car le don constitue comme tel une joie exquise. Mais en donnant, il ne peut empêcher que rejaillisse sur lui ce qu'il engendre à la vie chez l'autre ; en donnant véritablement, il ne peut éviter de recevoir ce qui lui est donné en retour. Dès lors que l'un donne, l'autre devient également un donneur, et tous deux participent à la joie de ce qu'ils ont engendré à la vie. Dans le don, quelque chose prend corps, et les deux personnes impliquées sont reconnaissantes de la vie qui naît pour elles deux. Spécifiquement, en ce qui concerne l'amour, ceci signifie : l'amour est un pouvoir qui produit l'amour ; l'impuissance est l'incapacité de produire l'amour. Cette pensée se trouve admirablement exprimée par Marx : « Supposez », dit-il, *« l'homme comme homme* et sa relation au monde comme humaine, alors vous ne pouvez échanger l'amour que contre l'amour, la confiance que contre la confiance, etc. Si vous souhaitez jouir de l'art, il faut que vous vous entraîniez sur le plan artistique ; si vous souhaitez exercer une influence sur les autres, il faut que votre influence soit pour eux stimulante et génératrice de progrès. Chacune de vos relations à l'homme et à la nature doit être une expression définie de votre vie *réelle, individuelle,* correspondant à l'objet de votre volonté. Si vous aimez sans susciter l'amour, c'est-à-dire si votre amour comme tel ne produit pas l'amour, si par l'*expression de votre vie* comme personne aimante vous ne faites pas de vous-même une *personne aimée,* alors votre amour est impuissant, malheureux »[5]. Mais ce n'est pas seulement dans l'amour que donner signifie recevoir. Le professeur est instruit par ses élèves, l'acteur est stimulé par son public, le psychanalyste est guéri par son patient – pour autant qu'ils ne se traitent pas mutuel-

---

5 « Nationalökonomie und Philosophie », 1844, publié dans Karl Marx, *Die Frühschriften,* Ed. Alfred Kröner, Stuttgart, 1953, pp. 300-301 (Traduction anglaise de E.F.).

lement en objets, mais qu'ils soient en relation r
que d'une manière authentique et productive.

Il est à peine besoin de souligner que la ca
d'amour en tant que don dépend du développement caractériel. Elle présuppose que la personne ait atteint une orientation foncièrement productive ; il en est ainsi lorsqu'elle a surmonté la dépendance, l'omnipotence narcissique, le désir d'exploiter les autres ou d'amasser, lorsqu'elle a acquis la foi en ses propres possibilités humaines, le courage de compter sur ses forces pour parvenir à ses buts. Dans la mesure où manquent ces qualités, elle a peur de se donner – par conséquent, d'aimer.

Au juste, ce n'est pas uniquement dans le don que l'amour manifeste son caractère actif, mais aussi dans le fait qu'il implique toujours, quelles que soient les formes qu'il prenne, certains éléments fondamentaux. En l'occurrence, la *sollicitude,* la *responsabilité,* le *respect* et la *connaissance.*

Sollicitude de l'amour

Que l'amour implique la *sollicitude* apparaît avec le plus d'évidence dans l'amour d'une mère pour son enfant. Aucune assurance de son amour ne nous ferait l'effet d'être sincère si nous la voyions manquer de soin pour son bébé, si elle négligeait de le nourrir, de le baigner, de lui procurer du bien-être ; par contre, nous sommes impressionnés par son amour si nous la voyons avoir souci de son enfant. Il n'en va d'ailleurs pas différemment en ce qui concerne l'amour pour les animaux ou les fleurs. Si une femme nous disait qu'elle aime les fleurs alors que nous constatons qu'elle oublie de les arroser, nous ne croirions pas en son « amour » pour les fleurs. *L'amour est une sollicitude active pour la vie et la croissance de ce que nous aimons.* Là où manque ce souci actif, il n'y a pas d'amour. Cette dimension de l'amour a été admirablement décrite dans le livre de Jonas. Dieu dit à Jonas de se rendre à Ninive et d'avertir ses habitants qu'ils seront châtiés s'ils ne renoncent pas à leur conduite perverse. Mais Jonas, craignant que le peuple de Ninive ne se repente et que Dieu ne lui pardonne, se dérobe à sa mission. C'est un homme qui possède au plus haut point le sens de l'ordre et de la loi, mais sans amour. Cependant, dans sa tentative de fuite, il se retrouve dans le ventre d'une baleine, symbole de l'état d'isolement et d'emprisonnement auquel l'a conduit son manque d'amour et de solidarité. Dieu le sauve, et Jonas se rend à Ninive. Il prêche aux habitants comme Dieu le lui avait prescrit, et voilà qu'arrive cela même qu'il craignait. Les hommes de Ninive se repentent de leurs péchés, rectifient leur conduite, et Dieu leur pardonne et décide de ne pas détruire la ville. Jonas en conçoit un profond dépit et une vive irritation, il voulait que « justice » fût faite, non miséricorde. Finalement, il puise quelque réconfort à l'ombre d'un arbre que Dieu avait fait croître pour lui afin de le protéger du soleil. Mais quand Dieu fait en sorte que l'arbre se dessèche, Jonas déprimé se plaint avec colère. Dieu lui répond : « Tu te prends de pitié au sujet d'un ricin pour lequel tu n'as pas travaillé, que tu n'as pas fait croître, qu'une nuit a vu naître et qu'une nuit a vu périr. Et moi, je n'épargnerais pas Ninive, cette ville florissante, dans laquelle il y a plus de cent vingt mille personnes qui ne savent distinguer leur main droite de leur main gauche, et aussi beaucoup de bétail ? ». La réponse de Dieu à Jonas est à comprendre symboliquement. Dieu explique à Jonas que l'essence de l'amour est de « se donner de la peine » pour quelque chose et de « faire croître » quelque chose, que l'amour et le travail sont inséparables. On aime ce pour quoi l'on peine et l'on peine pour ce qu'on aime.

Amour et responsabilité

La sollicitude et le souci impliquent un autre aspect de l'amour : la *responsabilité*. Aujourd'hui, responsabilité connote souvent l'idée de devoir, d'un quelque chose imposé du dehors à quelqu'un. En fait, dans son sens véritable, la responsabilité est un acte entièrement volontaire ;elle est ma réponse aux besoins, explicites ou implicites, d'un être humain. Etre « responsable » signifie être capable et prêt à « répondre ». Jonas ne se sentait pas responsable des habitants de Ninive. Comme Caïn, il aurait pu demander : « Suis-je le gardien de mon frère ? ». Au contraire, la personne aimante répond. La vie de son frère n'est pas seulement l'affaire de son frère, mais aussi la sienne propre. Elle se sent responsable d'autrui, comme elle se sent responsable d'elle-même. Dans le cas de la mère et de son enfant, cette responsabilité se réfère surtout à une sollicitude pour les besoins corporels. Dans l'amour entre adultes, elle se réfère surtout aux besoins psychiques d'autrui.

Amour et respect

La responsabilité pourrait facilement dégénérer en domination et possessivité s'il n'y avait une troisième composante de l'amour : le *respect*. Le respect n'est ni peur ni crainte révérencieuse ; il signifie, conformément à la racine du mot (*respicere* = regarder), la capacité de percevoir une personne telle qu'elle est, d'être conscient de son individualité unique. C'est avoir souci que l'autre personne puisse croître et s'épanouir à partir de son propre fonds. En ce sens, le respect s'avère incompatible avec l'exploitation. Je désire que la personne aimée croisse et s'épanouisse selon ses propres intérêts et par ses propres voies, et non dans le but de me servir. Si j'aime l'autre personne, je me sens un avec elle, mais avec elle *telle qu'elle est,* non telle que j'ai besoin qu'elle soit en tant qu'objet pour mon usage. Il est clair que le respect n'est possible que si j'ai atteint l'indépendance, si je puis me tenir debout et marcher sans avoir besoin de béquilles, sans avoir à dominer et exploiter quelqu'un d'autre. Il n'y a de respect que fondé dans la liberté : « l'amour est l'enfant de la liberté »[x], comme le dit une vieille chanson française ; l'amour est l'enfant de la liberté, jamais de la domination.

Amour et connaissance

Respecter une personne est impossible sans la *connaître* ; la sollicitude et la responsabilité seraient aveugles si elles n'étaient guidées par la connaissance. La connaissance serait vaine si elle n'était motivée par la sollicitude. Il y a de nombreux plans de connaissance ; en tant qu'intégrée à l'amour, la connaissance a ceci de spécifique qu'elle ne reste pas à la périphérie, mais pénètre jusqu'au noyau. Elle n'est possible que lorsque je puis dépasser le souci de moi-même et percevoir autrui en ses propres termes. Je puis me rendre compte, par exemple, qu'une personne est fâchée, même si elle ne le montre pas ouvertement ; mais je puis la connaître plus profondément encore ; comprendre qu'elle est angoissée et tourmentée ; qu'elle se sent seule, qu'elle se sent coupable. Je sais alors que son irritation n'est que la manifestation de quelque chose de plus profond, et je la perçois comme angoissée et désemparée, c'est-à-dire comme une personne qui souffre plutôt qu'en colère.

La connaissance entretient une autre relation, plus essentielle encore, avec l'amour. Le besoin fondamental

---

x En français dans le texte.

de se fondre en une autre personne afin d'échapper à la prison de la séparation est en lien étroit avec un autre désir spécifiquement humain, celui de connaître le « secret de l'homme ». Tandis que la vie dans ses aspects purement biologiques est un miracle et un secret, l'homme dans ses aspects humains est un secret insondable pour lui-même – et pour autrui. Nous nous connaissons nous-mêmes, et pourtant, quels que soient les efforts que nous puissions faire, nous ne nous connaissons pas. Nous connaissons autrui, et pourtant, nous ne le connaissons pas, car nous ne sommes pas une chose, et lui non plus. Plus nous pénétrons dans la profondeur de notre être, ou de l'être d'autrui, plus le terme de la connaissance nous échappe. Toutefois, nous ne pouvons nous empêcher d'avoir le désir de pénétrer dans le secret de l'âme humaine, dans ce noyau le plus intime de l'homme qui est « lui ».

Il y a une façon, désespérée peut-on dire, de prendre connaissance de ce secret : c'est d'exercer sur autrui une emprise complète ; une emprise qui lui fait faire ce que nous voulons, sentir ce que nous voulons, penser ce que nous voulons ; qui le transforme en chose, notre chose, notre possession. A son degré ultime, cette tentative de connaître confine au sadisme, au désir et à la capacité de faire souffrir un être humain ; de le torturer, de le contraindre à trahir son secret dans sa souffrance. Dans ce désir impétueux de pénétrer le secret de l'homme, le sien et dès lors le nôtre, réside une motivation essentielle de la cruauté et de la destruction en ce qu'elles ont de profond et d'intense. De façon très succincte, Isaac Babel a exprimé cette idée. Il cite le cas d'un officier, lors de la guerre civile de Russie, qui venant de piétiner à mort son précédent maître s'exprime en ces termes : « Quand vous tirez – je le dirai ainsi – quand vous tirez, vous ne faites que vous débarrasser d'un gars... En tirant vous n'atteignez jamais l'âme, là où elle se trouve chez un type, ni la manière dont elle se manifeste. Mais moi, je ne me ménage pas, et plus d'une fois, j'ai piétiné un ennemi durant plus d'une heure. Voyez-vous, je veux arriver à savoir ce qu'est réellement la vie, à quoi la vie ressemble chez nous »[6].

Ce chemin vers la connaissance apparaît souvent en toute clarté chez les enfants. Ils démontent un objet, le démolissent afin de le connaître ; ou bien ils désassemblent un animal, arrachent cruellement les ailes d'un papillon pour en forcer le secret. Cette cruauté est en fait sous-tendue par une motivation plus profonde : le désir de connaître le secret des choses et de la vie.

Mais il y a un autre chemin menant à la connaissance du « secret » : c'est l'amour. Il consiste en une pénétration active d'autrui dans laquelle mon désir de connaître s'apaise par l'union. Dans l'acte de fusion je vous connais, je me connais, je connais chacun – et je ne « connais » rien. Je connais de la seule manière dont il est possible à l'homme de connaître ce qui est vivant – par l'expérience de l'union – non par une connaissance émanant de la pensée. Bien que le sadisme soit motivé par le désir de connaître le secret, il me laisse aussi ignorant que je l'étais auparavant. J'ai démonté autrui membre par membre, mais ce faisant, je n'ai réussi qu'à le détruire. L'amour est la seule voie de connaissance qui dans l'acte d'union répond à ma quête. Dans l'amour et le don de moi-même, dans la pénétration d'autrui, je me trouve, je me découvre moi-même, je nous découvre tous deux, je découvre l'homme.

Le désir ardent de nous connaître et de connaître autrui a trouvé son expression dans l'oracle de Delphes : « Connais-toi toi-même ». Sans doute est-ce le principal

6 I. Babel, *The collected Stories*, Criterion Book, New York, 1955.

ressort de toute psychologie. Mais dans la mesure où il s'agit d'un désir de connaître l'homme en totalité, son secret le plus intime, nous ne pouvons le combler par une connaissance de type ordinaire, par la seule connaissance que livre la pensée. Même si nous en connaissions mille fois plus sur nous-mêmes, jamais nous n'en atteindrions le fond. Nous resterions encore une énigme à nos yeux, comme d'ailleurs autrui le resterait pour nous. La seule manière de connaître totalement réside dans l'*acte* d'aimer : cet acte transcende la pensée, il transcende le langage. C'est le plongeon audacieux dans l'expérience de l'union. Il n'empêche, cependant, que la connaissance par la pensée, c'est-à-dire la connaissance psychologique, est une condition nécessaire de la connaissance totale dans l'acte d'amour. J'ai à connaître autrui – et moi-même – objectivement afin d'être capable de percevoir sa réalité, ou plutôt, de surmonter les illusions, les distorsions irrationnelles de l'image que j'ai de lui. C'est à la seule condition de connaître objectivement un être humain que je puis en connaître l'essence ultime dans l'acte d'amour[7].

Le problème de la connaissance de l'homme est parallèle au problème religieux de la connaissance de Dieu. La théologie occidentale traditionnelle s'efforce de connaître Dieu par la pensée, d'émettre des affirmations *sur* Dieu. Elle suppose que je puisse connaître Dieu par la pensée. Par contre, dans le mysticisme, qui est l'aboutissement logique du monothéisme (comme j'essaierai de

---

7 De cette affirmation se dégage une implication importante quant au rôle de la psychologie dans la culture occidentale contemporaine. La grande popularité dont elle jouit, tout en constituant un témoignage irrécusable de l'intérêt porté à la connaissance de l'homme, trahit par ailleurs le manque fondamental d'amour qui caractérise aujourd'hui les relations humaines. La connaissance psychologique se substitue ainsi à la connaissance totale dans l'acte d'amour, au lieu d'être une étape vers elle.

le montrer plus tard), la tentative de connaître Dieu par la pensée est abandonnée au profit de l'expérience de l'union avec Dieu dans laquelle il n'y a plus place – et nul besoin – pour une connaissance *sur* Dieu.

L'expérience de l'union, que ce soit avec l'homme ou religieusement parlant avec Dieu, n'est nullement irrationnelle. Au contraire, comme l'a relevé Albert Schweitzer, elle est la conséquence du rationnalisme, sa conséquence la plus audacieuse et la plus radicale. Elle repose sur la prise de conscience des limites foncières, et non accidentelles, de notre connaissance. Que jamais nous n'« arracherons » le secret de l'homme et de l'univers, mais que néanmoins, dans l'acte d'amour, la connaissance est possible, tel est le savoir qui l'anime. La psychologie comme science a ses limites, et de même que la conséquence logique de la théologie est le mysticisme, ainsi la conséquence ultime de la psychologie est l'amour.

La sollicitude, la responsabilité, le respect et la connaissance sont en mutuelle interdépendance. Ces composantes de l'amour forment un syndrome d'attitudes que l'on rencontre chez la personne mûre, c'est-à-dire chez la personne qui fait fructifier ses virtualités propres, qui ne désire avoir que ce pour quoi elle a travaillé, qui a renoncé aux rêves narcissiques d'omniscience et d'omnipotence, qui a acquis l'humilité fondée sur la force interne que seule peut donner une activité véritablement productive.

Amour, réunion de l'homme total : polarité masculine et féminine

Jusqu'ici j'ai parlé de l'amour comme du triomphe sur la séparation humaine, comme de l'accomplissement du désir ardent d'union. Mais sur ce besoin existentiel et universel d'union, s'élève un besoin plus biologique, plus spécifique : le désir d'union entre les pôles masculin et féminin. Cette idée de polarité trouve son expression la plus saillante dans le mythe d'après lequel l'homme et la femme étaient un à l'origine, furent scindés ensuite en deux parties, chaque homme recherchant depuis lors la partie féminine de lui-même qu'il a perdue, afin de se réunir avec elle. (Cette même idée de l'unité primordiale des sexes est incluse également dans le récit biblique de la création d'Ève à partir d'une côte d'Adam, bien que dans ce récit, selon l'esprit du patriarcat, la femme soit considérée comme secondaire par rapport à l'homme). La signification du mythe est suffisamment claire. La polarité sexuelle incite l'homme à rechercher l'union d'une façon spécifique, par conjonction avec l'autre sexe. La polarité entre les principes masculin et féminin existe également à *l'intérieur* de chaque homme et de chaque femme. De même qu'au niveau physiologique l'homme et la femme possèdent chacun des hormones du sexe opposé, au niveau psychologique ils sont aussi bisexués. Ils portent en eux le principe de la réception et de la pénétration, de la matière et de l'esprit. L'homme – comme la femme – ne réalise l'union à l'intérieur de lui-même que par conjonction de sa polarité masculine et de sa polarité féminine. Cette polarité est le fondement de toute créativité.

L'opposition polaire entre le masculin et le féminin constitue aussi le fondement de la créativité interpersonnelle. Ceci est biologiquement évident dans le fait que l'union du sperme et de l'ovule est source d'une vie nouvelle. Mais à vrai dire, sur le plan purement psychique, il n'en va pas différemment : dans l'amour réciproque, l'homme et la femme renaissent. (Le déviant homosexuel représente un cas d'échec à atteindre cette union polarisée et dès lors endure la souffrance d'une séparation jamais surmontée : son échec, à vrai dire, il le partage avec l'hétérosexuel moyen qui est incapable d'aimer).

La même opposition polaire entre les principes masculin et féminin existe dans la nature : non seulement chez les animaux et les plantes où le fait est patent, mais aussi dans la polarité des deux fonctions essentielles, celle qui consiste à recevoir et celle qui consiste à pénétrer. C'est la polarité de la terre et de la pluie, de la nuit et du jour, des ténèbres et de la lumière, de la matière et de l'esprit. Cette idée est admirablement exprimée par le grand poète et mystique musulman, Rumi :

Jamais, en vérité, l'amant ne cherche sans que le cherche sa bien-aimée.
Lorsque l'étincelle de l'amour a jailli dans ce cœur-ci, sache qu'il y a de l'amour dans ce cœur-là.
Lorsque l'amour de Dieu croît dans ton cœur, nul doute que Dieu n'ait pour toi de l'amour.
Une main ne peut applaudir sans le concours de l'autre main.
La Sagesse divine est destin et le décret nous a faits amants l'un de l'autre.
De par cette pré-destination chaque partie du monde est appariée avec sa partenaire.
Au regard des sages, le Ciel est homme et la Terre femme : la Terre nourrit ce que le Ciel répand.
Lorsque la Terre manque de chaleur, le Ciel en dispense ; lorsqu'elle a perdu sa fraîcheur et son humidité, le Ciel les restaure.
Le Ciel fait ses rondes, comme un mari se démenant pour l'amour de sa femme.
Et la Terre veille aux soins du ménage : elle se préoccupe d'enfanter et d'allaiter ce qu'elle porte.
Considère la Terre et le Ciel comme doués d'intelli-

gence, car ils accomplissent le travail de créatures intelligentes.
S'ils ne se complaisent l'un dans l'autre, pourquoi cheminent-ils ensemble comme des amoureux ?
Sans la Terre, comment la fleur et l'arbre s'épanouiraient-ils ? Que produiraient alors l'eau et la chaleur du Ciel ?
De même que Dieu a déposé le désir dans l'homme et la femme afin que le monde soit préservé par leur union,
Ainsi a-t-Il implanté dans chaque partie de l'existence le désir d'une autre partie.
Le Jour et la Nuit sont ennemis en apparence, mais tous deux, en fait, poursuivent un seul dessein,
L'un et l'autre unis dans l'amour afin de parfaire leur travail mutuel ;
Sans la Nuit, la nature de l'Homme ne recueillerait aucuns biens, et dès lors, pour le Jour, il n'y aurait rien à dépenser[8].

Erreur de Freud

Le problème de l'opposition polaire entre l'homme et la femme appelle un supplément de discussion sur le thème de l'amour et du sexe. J'ai parlé ailleurs de l'erreur de Freud qui ne voit dans l'amour que l'expression – ou une sublimation – de l'instinct sexuel, plutôt que de reconnaître dans le désir sexuel une manifestation du besoin d'amour et d'union. Mais l'erreur de Freud va plus loin. Conformément à son matérialisme physiologique, il considère l'instinct sexuel comme résultant d'une tension douloureuse, produite chimiquement à l'intérieur du corps, et qui vise à la décharge. Le but du

8 R.A. Nicholson, *Rumi*, Georges Allen & Unwin, Ltd., London, 1950, pp, 122-3.

désir sexuel est d'éliminer cette tension douloureuse : élimination dans laquelle réside la satisfaction sexuelle. Cette thèse est valide dans la mesure où le désir sexuel opère de la même façon que la faim ou la soif dans le cas d'un organisme sous-alimenté. Ainsi conçu, le désir sexuel se réduit à un prurit, dont la suppression est génératrice de plaisir. En fait, si l'on s'en tenait à cette conception de la sexualité, la masturbation constituerait la satisfaction sexuelle idéale. Ce que Freud, assez paradoxalement, ignore, c'est l'aspect psycho-biologique de la sexualité, l'opposition polaire entre le masculin et le féminin, et le désir de relier les deux pôles par l'union. Cette curieuse erreur fut probablement facilitée par les fortes tendances patriarcales de Freud, qui l'amenèrent à supposer que la sexualité *per se* est masculine et lui firent ainsi méconnaître ce qu'il y a de spécifique dans la sexualité féminine. Il exprima cette idée dans les *Trois essais sur la théorie de la sexualité* en énonçant que la libido est foncièrement d'essence mâle, que ce soit chez l'homme ou chez la femme. La même idée se retrouve sous une forme rationalisée dans la théorie freudienne selon laquelle le petit garçon expérimente la femme comme un homme châtré tandis que la femme recherche diverses compensations à la perte du pénis. Mais en vérité, la femme n'est pas un homme châtré, et sa sexualité est spécifiquement féminine et non d'« essence mâle ».

L'attirance sexuelle n'est que partiellement motivée par le besoin de liquider une tension ; elle consiste surtout en un besoin d'union entre pôles opposés. D'ailleurs, l'attirance érotique ne se limite en aucune façon à l'attirance sexuelle. La masculinité et la féminité affectent autant le *caractère* que la *fonction sexuelle*. Les qualités par lesquelles on peut définir le caractère masculin sont la pénétration, le soutien directif, l'activité, la discipline et l'esprit d'aventure, tandis que la réceptivité productive, la protection, le sens du réel, l'endurance et la tendresse maternelle contribuent à définir le caractère féminin. (Encore faut-il ne jamais perdre de vue que, chez chaque individu, les deux ensembles de caractéristiques s'entrecroisent, mais avec prépondérance de celles qui appartiennent à « son » sexe). Soit un homme dont les traits masculins du *caractère* sont affaiblis parce qu'il est resté enfant dans sa vie affective : bien souvent il s'évertuera à compenser ce manque en mettant exclusivement l'accent sur son rôle viril dans la *sexualité*. Le résultat, c'est Don Juan, qui a besoin de faire la preuve de sa vaillance mâle sur le plan sexuel parce qu'il est incertain de sa masculinité sur le plan caractériel. Dans les cas plus prononcés d'affaiblissement, le sadisme (le recours à la violence) devient le principal substitut – un substitut pervers – de la masculinité. Quant à la sexualité féminine, si elle est affaiblie ou pervertie, elle se transforme en masochisme ou en possessivité.

On a reproché à Freud d'avoir accordé trop d'importance au sexe. Sous-jacent à cette critique, il y eut souvent l'espoir de supprimer un élément du système freudien qui suscitait des résistances et de l'hostilité parmi les personnes d'esprit conventionnel. Freud eut le sentiment très vif de ce mobile, et c'est pourquoi il lutta contre toute tentative de modifier sa théorie de la sexualité. Certes, la théorie de Freud présentait en son temps un caractère provocateur et révolutionnaire. Mais ce qui était vrai aux environs de 1900 a cessé de l'être une cinquantaine d'années plus tard. Les mœurs sexuelles ont tellement évolué que les théories freudiennes n'ont plus rien de choquant pour les classes moyennes occidentales, et l'on peut parler d'une intransigeance à la Don Quichotte lorsque les psychanalystes orthodoxes s'imaginent encore aujourd'hui qu'ils font preuve de courage et d'audace en défendant la théorie sexuelle de Freud. En fait, leur école est empreinte de conformisme et ne s'efforce pas de soulever des problèmes psychologiques qui conduiraient à une critique de la société contemporaine.

Je critique Freud, non parce qu'il a surestimé le sexe, mais parce qu'il n'a pas réussi à développer une compréhension suffisamment pénétrante de la sexualité. Sans doute fit-il le premier pas en découvrant la signification des passions interpersonnelles, mais conformément à ses prémisses philosophiques il les expliqua en termes de physiologie. Pour le développement futur de la psychanalyse, il importe de corriger et d'approfondir la conception de Freud en transposant ses intuitions du plan physiologique sur le plan biologique et existentiel[9].

---

9 Freud lui-même s'orienta dans cette direction en élaborant par la suite sa théorie des instincts de vie et de mort. Le premier de ces concepts *(eros)*, en tant que principe de synthèse et d'unification, se situe sur un tout autre plan que le concept de *libido*. Mais en dépit du fait que la théorie freudienne des instincts de vie et de mort ait été acceptée par les psychanalistes orthodoxes, cette acceptation n'a pas entraîné une révision fondamentale du concept de *libido*, notamment en ce qui concerne le travail clinique.

2
L'amour entre parents et enfants

Lors de la naissance, l'enfant appréhenderait de mourir, si un destin gracieux ne l'avait préservé de toute conscience de l'angoisse impliquée dans la séparation d'avec la mère, et d'avec l'existence intra-utérine. Même une fois né, l'enfant diffère à peine de ce qu'il était avant la naissance ; il ne peut reconnaître les objets, il n'est pas encore conscient de lui-même, ni du monde comme extérieur à lui. Il n'est sensible qu'à la stimulation positive de la chaleur et de la nourriture, mais il ne différencie pas encore celles-ci de leur source : la mère. La mère *est* chaleur, la mère *est* nourriture, la mère *est* l'état euphorique de satisfaction et de sécurité. Pour utiliser un terme freudien, il s'agit d'un état narcissique. La réalité extérieure, personnes et choses, n'a de signification qu'en raison de son pouvoir satisfaisant ou frustrant pour l'état interne du corps. N'est réel que ce qui est au dedans ; ce qui est au dehors n'est réel qu'en termes de mes besoins – jamais en termes de ses propres qualités ou besoins.

Lorsque l'enfant grandit et se développe, il devient capable de percevoir les choses telles qu'elles sont. La satisfaction d'être nourri se différencie du mamelon ; le sein, de la mère. En fin de compte, l'enfant éprouve sa soif, le lait bienfaisant, le sein et la mère, comme des entités distinctes. Il apprend à percevoir bien d'autres choses comme différentes, comme ayant une existence propre. Dès lors, il apprend à leur donner un nom. En même temps, il apprend à les manipuler ; il apprend que le feu est chaud et fait mal, que le corps de la mère est tiède et source de plaisir, que le bois est dur et lourd, que le papier est léger et susceptible d'être déchiré. Il apprend comment s'y prendre avec les gens ; que maman sourira lorsque je mange ; qu'elle me prendra dans ses bras lorsque je pleure ; qu'elle me complimentera lorsque j'ai un mouvement intestinal. Toutes ces expériences se cristallisent et s'intègrent en une seule : *je suis aimé.* Je suis aimé parce que je suis l'enfant de maman. Parce que je suis faible. Parce que je suis beau, admirable. Parce que maman a besoin de moi. En un mot, *je suis aimé pour ce que je suis,* ou en termes peut-être plus rigoureux, *je suis aimé parce que je suis.* Cette expérience d'être aimé par la mère est passive. Il n'y a rien que je doive faire pour être aimé – l'amour de la mère est inconditionnel. Il me suffit d'*être* – d'être son enfant. L'amour de la mère est paix, félicité, il n'a nul besoin d'être acquis, ni d'être mérité. Mais cette qualité inconditionnelle de l'amour maternel a sa contrepartie. Bien sûr, il n'a pas besoin d'être mérité – mais en revanche, il *ne peut* être acquis, produit, contrôlé. S'il est là, c'est en quelque sorte une grâce ; s'il n'est pas là, c'est comme si toute beauté s'était retirée de la vie – et il n'y a rien que je puisse faire pour l'instaurer.

Pour la plupart des enfants qui ont moins de huit et demi à dix ans[10], il n'y a guère d'autre problème que celui d'*être aimé* – d'être aimés pour ce qu'ils sont. Jusqu'à cet âge, un enfant n'aime pas encore, mais

10 Cf. la description de ce développement dans Sullivan, *The Interpersonal Theory of Psychiatry*, W. W. Norton & Co., New York, 1953.

répond avec reconnaissance et joie à l'amour qu'on lui porte. Par contre, une fois atteint ce stade, un nouveau facteur entre en jeu : le sentiment neuf de produire l'amour par sa propre activité. Pour la première fois, l'enfant pense à *donner* quelque chose à la mère (ou au père), à produire quelque chose – un poème, un dessin, ou n'importe quoi. Pour la première fois, l'idée de l'amour se transforme : plutôt que d'être aimé, il s'agit d'aimer, d'instaurer l'amour. Bien des années s'écouleront encore avant que ce premier germe de l'amour ne parvienne à maturité. Poursuivant sur sa lancée, l'enfant, qui maintenant peut avoir franchi le seuil de l'adolescence, en est venu à surmonter son égocentrisme ; il cesse de considérer autrui comme étant avant tout un moyen de satisfaire ses propres besoins. Les besoins des autres prennent autant d'importance – et même davantage – que les siens. Il y a désormais plus de satisfaction, plus de joie à donner qu'à recevoir ; plus de prix à aimer qu'à être aimé. En aimant, il a brisé le carcan de solitude et d'isolement qui tenait à l'état de narcissisme et de centration sur soi. Il éprouve un sentiment d'union nouvelle, de partage, d'unicité. Bien plus, il ressent la puissance de produire l'amour en aimant – plutôt que la dépendance à recevoir en étant aimé – astreint qu'il était à se faire petit, faible, malade – ou « sage ». L'amour infantile suit le principe : *« J'aime parce que je suis aimé »*. L'amour parvenu à maturité suit le principe : *« Je suis aimé parce que j'aime »*. L'amour inachevé dit : *« Je t'aime parce que j'ai besoin de toi »*. L'amour accompli dit : *« J'ai besoin de toi parce que je t'aime »*.

Il y a un lien étroit entre le développement de la *capacité* d'amour et le développement de l'*objet* d'amour. Durant les premiers mois et les premières années, l'attachement le plus intime de l'enfant se porte sur la mère. Cet attachement s'ébauche avant la naissance, lorsque la mère et l'enfant sont encore un, tout en étant deux. Sans doute, la naissance modifie-t-elle la situation à certains égards, mais moins toutefois qu'on ne se l'imagine d'après les apparences. Bien qu'il vive maintenant en dehors de la matrice, l'enfant reste encore complètement dépendant de la mère. Ce n'est qu'au fil des jours qu'il conquiert son autonomie : il apprend à marcher, à parler, à explorer le monde par lui-même ; la relation à la mère perd quelque peu de sa signification vitale, tandis que parallèlement la relation au père gagne en importance.

Pour comprendre ce déplacement de la mère vers le père, il nous faut considérer les différences essentielles de qualité entre l'amour maternel et l'amour paternel. Déjà nous avons eu l'occasion de nous entretenir de l'amour maternel. De par sa nature même, avons-nous dit, il est inconditionnel. La mère aime son nouveau-né parce qu'il est son enfant, non parce qu'il a rempli quelque condition spécifique ou comblé quelque attente particulière. (Bien entendu, lorsque je parle ici de l'amour de la mère et du père, je me réfère aux « types idéaux » – au sens où l'entend Max Weber – ou aux archétypes tels que Jung les conçoit – ce qui n'implique nullement que chaque mère et chaque père aiment de cette façon. Je me réfère aux principes paternel et maternel qui se dégagent de la personne maternelle et paternelle). L'amour inconditionnel répond à l'un des plus profonds désirs nostalgiques, non seulement de l'enfant, mais de tout être humain ; par contre, être aimé en vertu de sa valeur, de ses mérites, laisse toujours place au doute ; que ce soit parce que j'ai déplu à la personne dont je désirais me faire aimer ou pour toute autre raison, il reste que je vis dans la crainte continuelle que l'amour vienne à disparaître. De plus, un amour « mérité » risque d'engendrer le sentiment amer que l'on n'est pas aimé pour soi-même, mais *seulement* parce que l'on plaît, en somme que l'on n'est pas aimé du tout mais utilisé. Dès lors, rien d'étonnant à ce que tous, enfants comme adultes, nous nous accrochions au désir nostalgique de l'amour maternel. La plupart des enfants ont heureusement la chance de jouir de cet amour (dans quelle mesure, nous en discuterons plus tard). Chez les adultes, par contre, ce même désir nostalgique est bien plus difficile à combler. Dans le cas d'un développement particulièrement favorable, il s'intègre à titre de composante dans l'amour érotique normal ; souvent il emprunte des formes religieuses, plus fréquemment des formes névrotiques.

La relation au père est toute différente. Alors que la mère est la demeure qui nous avait abrités, la nature, le sol, l'océan, le père ne représente rien de la sorte. Il a peu de rapports avec l'enfant au cours des premières années de sa vie, et son importance durant cet âge tendre n'est pas comparable à celle de la mère. Toutefois, si le père ne représente pas le monde naturel, du moins représente-t-il l'autre pôle de l'existence humaine : le monde de la pensée, des choses faites par l'homme, de la loi et de l'ordre, de la discipline, du voyage et de l'aventure. Le père est celui qui forme l'enfant, qui le guide sur les chemins du monde.

Intimement liée à cette fonction, il en est une seconde qui relève du développement socio-économique. Lorsque la propriété privée fut instaurée et put passer en héritage à l'un des fils, le père se mit à rechercher ce fils auquel il pourrait la léguer. Evidemment, ce fut celui qu'il considérait comme le plus apte à devenir son successeur, celui qui lui ressemblait le plus et par conséquent qu'il aimait le mieux. L'amour paternel est un amour conditionnel. Son principe est celui-ci : « Je t'aime *parce que* tu réponds à mes attentes, parce que tu fais ton devoir, parce que tu me ressembles ». De même que pour l'amour inconditionnel de la mère, il y a un aspect positif et un aspect négatif dans l'amour conditionnel du père. L'amour paternel a ceci de négatif qu'il doit être mérité, qu'il peut être perdu si l'on déçoit son attente. Sa nature implique que l'obéissance constitue la vertu principale, la désobéissance le péché majeur – dont le châtiment est le retrait de l'amour paternel. L'aspect positif est tout aussi important. Puisque son amour est conditionnel, il est en mon pouvoir de l'acquérir, je puis œuvrer en ce sens ; son amour, contrairement à celui de la mère, ne se situe pas hors de ma portée.

Les attitudes du père et de la mère à l'égard de l'enfant correspondent à ses besoins propres. Le nourrisson a besoin de l'amour inconditionnel et de la sollicitude de la mère, tant physiologiquement que psychologiquement. Après six ans, l'enfant commence à avoir besoin de l'amour du père, de son autorité et de ses conseils. La mère a pour tâche de faire de lui un être confiant dans la vie ; le père, de lui servir de guide pour faire face aux problèmes auxquels le confronte la société particulière où il est né. Dans le cas idéal, l'amour maternel s'abstient de freiner la croissance de l'enfant, de donner une prime à sa faiblesse. Il importe que la mère ait foi en la vie, que par conséquent elle ne soit pas hyperanxieuse, pour ne pas contaminer l'enfant par son angoisse. Le souhait que l'enfant conquière son indépendance et finisse par se séparer d'elle, doit faire partie de son existence. Quant à l'amour du père, il doit se régler sur des principes et des attentes ; il doit être patient et tolérant plutôt que menaçant et autoritaire. Il importe qu'il communique à l'enfant qui grandit un sentiment croissant de compétence et lui permette par la suite de devenir son propre maître en se passant de l'autorité paternelle.

En fin de compte, lorsqu'elle est à maturité, la personne est devenue sa propre mère et son propre père.

Elle s'est constituée en quelque sorte une conscience maternelle et une conscience paternelle. La conscience maternelle dit : « Aucun méfait, aucun crime ne pourrait te déposséder de mon amour, de mon désir que tu vives et que tu sois heureux ». La conscience paternelle dit : « Tu as mal agi, tu ne peux te soustraire aux conséquences qu'entraîne ton infraction à la loi, et par-dessus tout, tu dois changer ta conduite si tu désires que je t'aime ». La personne mûre s'est affranchie des figures extérieures du père et de la mère, et les a élaborées à l'intérieur d'elle-même. Non point en les *incorporant*, comme l'a prétendu Freud dans sa conception du Surmoi, mais en édifiant une conscience maternelle sur sa propre capacité d'amour et une conscience paternelle sur sa raison et son jugement. En outre, dans son amour, la personne mûre met conjointement en œuvre la conscience maternelle et la conscience paternelle, en dépit du fait qu'il semble y avoir contradiction entre l'une et l'autre. Si elle ne privilégiait que la conscience paternelle, elle deviendrait dure et inhumaine. Par contre, si elle ne privilégiait que la conscience maternelle, elle serait portée à manquer d'objectivité, à entraver son propre développement et celui des autres.

Le passage de l'attachement centré sur la mère à l'attachement centré sur le père, ainsi que leur synthèse ultérieure, constituent le fondement de la santé mentale et de la maturité. Dans l'échec de ce développement réside la cause essentielle des névroses. Compte tenu qu'un exposé plus complet de ce point de vue déborderait le cadre de cet ouvrage, nous nous efforcerons par quelques brèves remarques de clarifier notre affirmation.

Différentes situations peuvent être à l'origine d'une névrose. Supposons, tout d'abord, qu'un garçon ait une mère aimante, mais dominatrice et trop indulgente, et un père faible, indifférent. Dans ce cas, il est à craindre qu'il reste fixé à un attachement maternel précoce ; qu'il se construise une personnalité dépendante à l'égard de la mère et marquée d'un sentiment d'impuissance ; qu'il aspire à recevoir, à être protégé et pris en charge, suivant la dynamique caractéristique de la personne réceptive ; qu'enfin, il manque de discipline, d'autonomie, d'aptitude à maîtriser la vie par lui-même, bref des qualités paternelles. Il peut être enclin à rechercher des « mères » en toute personne, tantôt en des femmes et tantôt en des hommes détenant une position d'autorité et de pouvoir. Supposons, d'autre part, que ce garçon ait une mère froide, insensible et dominatrice. Il peut alors, ou bien reporter son besoin de protection maternelle sur le père et ultérieurement sur ceux qui en feront figure – ce qui aboutit à un résultat comparable au premier cas – ou bien se construire une personnalité à l'image exclusive du père, entièrement vouée aux principes de la loi, de l'ordre et de l'autorité, et incapable d'attendre ou de recevoir l'amour inconditionnel. Ce gauchissement est d'autant plus prononcé que le père est autoritaire et en même temps fortement attaché à son fils. En somme, à l'origine de ces névroses, il y a le fait caractéristique que l'un des principes, paternel ou maternel, ne réussit pas à se développer, et que, dans les troubles névrotiques les plus graves, les rôles paternel et maternel en viennent même à être confondus, tant dans leur réalité externe que dans leur élaboration à l'intérieur de la personne. Un examen plus attentif révèle que certains types de névroses, telle la névrose obsessionnelle, procèdent plus souvent d'un attachement unilatéral au père, tandis que d'autres, comme l'hystérie, l'alcoolisme, les dépressions, l'incapacité de s'affirmer et d'affronter la vie d'une manière réaliste, résultent d'une centration sur la mère.

3
Les objets d'amour

L'amour n'est pas essentiellement une relation à une personne spécifique ; plutôt que de porter sur un seul « objet », il consiste en une *attitude,* une *orientation du caractère* en vertu de laquelle la personne se sent reliée au monde comme un tout. Si une personne n'en aime qu'une autre et demeure indifférente à l'égard du reste de ses semblables, il ne s'agit pas véritablement d'amour mais d'un attachement symbiotique ou d'un égotisme élargi. Il n'empêche que la plupart des gens croient que l'amour est constitué par l'objet, non par la faculté. En vérité, ils s'imaginent même qu'en n'aimant personne, sinon l'être « aimé », ils font preuve d'un amour intense. C'est bien ici le même sophisme que celui que nous avons déjà dénoncé précédemment. Faute de voir que l'amour est une activité, un pouvoir de l'âme, ils se figurent qu'il suffit tout au plus de découvrir le « bon objet » – pour qu'ensuite tout aille pour le mieux. On peut comparer cette attitude à celle d'un homme qui a le désir de peindre, mais qui, plutôt que d'apprendre cet art, se contente d'attendre le bon objet en prétendant qu'il peindra admirablement lorsqu'il l'aura découvert. Si j'aime véritablement une personne, j'aime toutes les autres, j'aime le monde, j'aime la vie. Si je puis dire à quelqu'un : « je t'aime », je dois être capable de dire :

« en toi j'aime chacun, à travers toi j'aime le monde, en toi je m'aime également ».

Soutenir que l'amour est une orientation qui se réfère à tous plutôt qu'à un seul n'implique pas, cependant, que l'on ne puisse distinguer différentes formes d'amour d'après le type d'objet qui est aimé.

a. L'amour fraternel

De toutes les formes d'amour, la plus fondamentale, celle qui sous-tend toutes les autres, est l'*amour fraternel.* J'entends par là le sens de la responsabilité, la sollicitude, le respect, la connaissance de tout être humain, et le désir de promouvoir sa vie. C'est de cet amour dont parle la Bible lorsqu'elle dit : *Aime ton prochain comme toi-même.* L'amour fraternel s'étend à tous les êtres humains ; il se caractérise par un manque absolu d'exclusivité. Dès lors que je suis devenu capable d'amour, je ne puis m'empêcher d'aimer mes frères. Dans l'amour fraternel se réalise une expérience d'union avec tous les hommes, de solidarité et d'unicité humaines. Il se fonde sur l'expérience que tous nous ne faisons qu'un. Les différences de talents, d'intelligence, de connaissances apparaissent négligeables en regard de l'identité du noyau humain qui est commun à tous les hommes. Pour expérimenter cette identité, il importe de pénétrer de la périphérie jusqu'au noyau. Si je ne prends d'autrui qu'une vue superficielle, je perçois surtout les différences, celles qui me séparent de lui. Par contre, si je pénètre jusqu'au noyau, je perçois ce qu'il y a d'identique entre nous, le fait même de notre fraternité. Cette relation de centre à centre – plutôt que de périphérie à périphérie – constitue la « relation centrale ». Ou, comme Simone Weil l'a exprimé si admirablement : « Les mêmes mots (ex. un homme dit à sa femme : je vous aime) peuvent être vulgaires ou extraordinaires selon la manière dont ils sont prononcés. Et cette manière dépend de la profondeur de la région de l'être d'où ils procèdent, sans que la volonté y puisse rien. Et, par un accord merveilleux, ils vont toucher, chez celui qui écoute, la même région. Ainsi celui qui écoute peut discerner, s'il a du discernement, ce que valent ces paroles »[11].

L'amour fraternel est un amour entre égaux. Il est vrai que, même en tant qu'égaux, nous ne sommes pas toujours « égaux » ; en effet, dans la mesure où nous sommes humains, nous avons tous besoin d'aide. Aujourd'hui, ce peut être moi ; demain, ce peut être vous. Mais ce besoin d'aide ne signifie nullement que l'un soit démuni et que l'autre soit puissant. La faiblesse n'est qu'une condition transitoire ; la capacité de se tenir debout et de marcher par ses propres moyens est la condition permanente et commune.

Et pourtant, l'amour porté à celui qui est faible, au pauvre et à l'étranger, marque le début de l'amour fraternel. Aimer seulement ce qui est de sa chair et de son sang n'est pas un accomplissement. L'animal aime ses jeunes et en prend soin. L'esclave aime son maître, car sa vie dépend de lui ; l'enfant aime ses parents, car il a besoin d'eux. En fait, l'amour ne commence véritablement à s'épanouir que lorsqu'il s'attache à ceux qui ne remplissent pas une fonction à notre égard. N'est-il pas significatif que, dans l'Ancien Testament, l'objet privilégié de l'amour humain soit le pauvre, l'étranger, la veuve et l'orphelin, voire même l'ennemi national, l'égyptien et l'édomite. Dès qu'il se prend de compassion pour le faible, l'homme s'ouvre à l'amour fraternel ; tout comme d'ailleurs, dans l'amour qu'il se porte, il

---

11 Simone Weil, *La pesanteur et la grâce*, Librairie Plon, 1948.

aime celui qui a besoin d'aide, l'être fragile et incertain. La compassion implique un élément de connaissance et d'identification : « Vous connaissez le cœur de l'étranger », dit l'Ancien Testament, « car vous avez été des étrangers sur la terre d'Egypte ;... *par conséquent, aimez l'étranger* »[12] !

b. L'amour maternel

Dans un des paragraphes qui précèdent, nous avons déjà traité de la nature de l'amour maternel en discutant de sa différence avec l'amour paternel. Ainsi que je l'ai souligné alors, l'amour maternel se caractérise par l'affirmation inconditionnelle de la vie et des besoins de l'enfant. Mais à cette description il nous faut ajouter un point important. En effet, l'affirmation de la vie de l'enfant comporte deux aspects. D'une part, la sollicitude et le sens de la responsabilité, qui sont absolument nécessaires à la préservation de la vie et à la croissance de l'enfant. D'autre part, dépassant ce simple souci de préservation, une attitude qui inspire à l'enfant l'amour de la vie et lui communique le sentiment qu'il est bon d'être vivant, qu'il est bon d'être un petit garçon ou une petite fille, qu'il est bon d'être sur cette terre. Ces deux aspects de l'amour maternel se trouvent succinctement exprimés dans l'histoire biblique de la création. Dieu crée le monde, et l'homme. Ceci correspond à la simple sollicitude et à l'affirmation de l'existence. Mais Dieu va au-delà de cette exigence minimale. Chaque jour, après avoir considéré son œuvre, Dieu dit : « Cela est bon ». Dans cette seconde démarche, l'amour maternel fait res-

---

12 On retrouve la même idée chez Herman Cohen, *Religion der Vernunft aus den Quellen des Judentums,* 2e édition, Ed. J. Kaufmann, Frankfurt am Main, 1929, p. 168 ff. – cf Exode 23,9 ; Deutéronome 10, 19.

sentir à l'enfant qu'il est bon d'être né ; il lui inculque l'*amour de la vie,* et pas seulement le désir de rester en vie. Cette même idée apparaît encore dans la Bible à travers d'autres symboles. La terre promise (la terre est toujours un symbole maternel) y est décrite comme « ruisselante de lait et de miel ». Le lait symbolise le premier aspect de l'amour, la sollicitude et l'affirmation, tandis que le miel symbolise la suavité de la vie, l'amour à son égard et le bonheur d'être vivant. La plupart des mères sont capables de donner du « lait », mais rares sont celles qui sont capables aussi de donner du « miel ». Pour être en mesure de donner du miel, une mère ne doit pas être seulement une « bonne mère », mais une personne heureuse – objectif qu'il n'est pas fréquent d'atteindre. Il est difficile d'en exagérer l'incidence sur l'enfant. L'amour d'une mère à l'égard de la vie est aussi contagieux que son angoisse. Les deux attitudes ont des effets considérables sur la personnalité totale de l'enfant. Au point qu'il est possible de distinguer parmi les enfants – comme parmi les adultes – ceux qui ne reçurent que du « lait », de ceux qui reçurent du « lait et du miel ».

A la différence de l'amour fraternel et de l'amour érotique qui s'établissent entre égaux, la relation de la mère et de l'enfant implique par sa nature même une inégalité, l'un ayant besoin d'un soutien total et l'autre le lui donnant. C'est en vertu de ce caractère désintéressé, altruiste, que l'amour maternel a été considéré comme la forme suprême de l'amour et comme le plus sacré de tous les liens affectifs. Toutefois, nous semble-t-il, l'accomplissement véritable de l'amour maternel ne réside pas dans l'attachement de la mère à son bébé, mais dans l'amour qu'elle témoigne à l'enfant en croissance. En fait, les mères sont en grande majorité des mères aimantes aussi longtemps que l'enfant est petit et se trouve encore dans une complète dépendance vis-à-vis d'elles. La plupart des femmes veulent des enfants, sont heureuses de leur nouveau-né et débordantes de sollicitude pour lui. Et ceci, en dépit du fait qu'elles n'en « reçoivent » rien en retour, sinon un sourire ou une expression de satisfaction. Sans doute cette attitude aimante s'enracine-t-elle en partie dans un équipement instinctif qui appartient en commun aux animaux et à la femelle humaine. Mais, quel que puisse être le poids de ce facteur instinctif, il reste que des facteurs spécifiquement humains, d'ordre psychologique, sont responsables de ce type d'amour maternel. Relevons entre autres l'élément narcissique. Dans la mesure où la mère ressent encore son nourrisson comme une partie d'elle-même, son amour et son engouement peuvent avoir comme sens de satisfaire son narcissisme. Une autre motivation, susceptible d'entrer en ligne de compte, est la volonté de puissance, le désir de possession. Pour une femme dominatrice et possessive, l'enfant constitue un objet naturel de satisfaction dans la mesure où il est démuni et complètement assujetti à sa volonté.

Si répandues que soient ces motivations, elles ont probablement moins d'importance et d'universalité que ce qu'on peut appeler le besoin de transcendance. Il s'agit ici d'un des besoins les plus fondamentaux de l'homme, enraciné dans la conscience qu'il a de lui-même, dans l'insatisfaction de son rôle de créature, dans le refus de s'accepter comme un dé jeté sur le tapis. Il a besoin de se sentir créateur, de transcender le rôle passif d'être créé. Ce désir de créativité peut se satisfaire de bien des manières ; la plus naturelle, et d'ailleurs la plus facile à réaliser, consiste dans la sollicitude et l'amour de la mère pour sa création. Elle se transcende dans son enfant, l'amour qu'elle lui porte confère à sa vie sens et signification. (Ce qui incite l'homme à se transcender dans la création d'œuvres et d'idées, c'est précisément son incapacité à satisfaire son besoin de transcendance en donnant naissance à des enfants).

Mais l'enfant doit grandir. Il doit émerger de la matrice, se détacher du sein maternel ; il doit, en fin de compte, devenir un être humain complètement séparé. L'essence même de l'amour maternel est de veiller à la croissance de l'enfant, ce qui signifie vouloir que l'enfant se sépare. Ici réside la différence fondamentale avec l'amour érotique. Dans ce dernier, deux personnes jusqu'alors séparées deviennent une. Par contre, dans l'amour maternel, deux personnes n'en faisant qu'une jusqu'alors en arrivent à se séparer. Et il importe que la mère, non seulement tolère, mais souhaite et même favorise cette séparation. Ce n'est qu'à ce stade que l'amour maternel devient une tâche extrêmement difficile, qu'il exige du désintéressement, la capacité de donner tout et de ne rien vouloir sinon le bonheur de l'être aimé. C'est aussi à ce stade que bien des mères faillissent aux exigences de l'amour maternel. Aussi longtemps que l'enfant est petit, la femme narcissique, dominatrice, possessive, peut réussir à être une mère « aimante ». Mais seule la femme qui aime véritablement, plus heureuse de donner que de recevoir, fermement enracinée dans sa propre existence, s'avère capable d'être une mère aimante lorsque l'enfant s'engage sur le chemin de la séparation.

En tant qu'il est délivré de tout désir égotiste, l'amour de la mère pour l'enfant qui grandit est peut-être de toutes les formes d'amour celle dont la réussite est la plus difficile, celle aussi qui comporte le plus de risques d'achoppement par rapport à la facilité avec laquelle une mère peut aimer son nouveau-né. Mais précisément en vertu de cette difficulté, une femme ne peut être une mère véritablement aimante que si elle est capable d'*aimer* : d'aimer son mari, d'autres enfants, des étrangers, tous les êtres humains. La femme qui n'est pas capable d'aimer en ce sens peut être une mère affectueuse aussi longtemps que l'enfant est petit, mais elle ne peut être une mère aimante, le test de l'amour étant ici d'accepter de bon cœur l'épreuve de la séparation – et après la séparation, de continuer à aimer.

c. *L'amour érotique*

L'amour fraternel est un amour entre égaux, l'amour maternel est l'amour pour le faible. Quoique différents l'un de l'autre, ils ont un point commun : par leur nature même, ils ne se restreignent pas à une seule personne. Si j'aime mon frère, j'aime tous mes frères ; si j'aime mon enfant, j'aime tous mes enfants ; disons plus, j'aime tous les enfants, tous ceux qui ont besoin de mon aide. De ce point de vue, l'*amour érotique* contraste avec ces deux types d'amour : il se caractérise par un désir ardent de fusion totale, d'union avec une seule autre personne. Par essence, il est exclusif, il ne s'étend pas à tous ; peut-être représente-t-il aussi la forme sur laquelle on se méprend le plus.

Tout d'abord, on le confond souvent avec le sentiment explosif de « tomber » amoureux, avec le brusque effondrement des barrières qui se dressaient jusqu'alors entre deux étrangers. Mais, comme nous l'avons relevé précédemment, cette expérience de soudaine intimité est de nature transitoire. Une fois la personne étrangère connue intimement, il n'y a plus de barrières à franchir, il n'y a plus de proximité soudaine à réaliser. On connaît l'« aimé » aussi bien que soi-même. Ou peut-être devrais-je plutôt dire : on le connaît aussi peu. Si notre expérience de l'autre personne atteignait plus de profondeur, si nous étions capables de nous ouvrir à son infinité, elle ne nous serait jamais aussi familière – et le miracle consistant à surmonter les barrières pourrait chaque jour se renouveler. Mais la plupart des gens ont tôt fait d'explorer jusqu'à épuisement leur propre personne et celle des autres. Pour eux, l'intimité s'établit principalement à travers le contact sexuel. Etant donné qu'ils éprouvent leur solitude comme étant surtout d'ordre physique, ils tentent de la surmonter par l'union corporelle.

En outre, il nous faut mentionner d'autres facteurs qui peuvent donner à certains l'impression qu'ils ont surmonté l'état de séparation. Parler de sa propre vie personnelle, de ses rêves et de ses angoisses, se révéler sous ses aspects infantiles ou puérils, établir des intérêts communs vis-à-vis du monde – voilà ce que l'on prend pour des victoires sur la séparation. Il n'est pas jusqu'à l'expression de sa colère, de sa haine, de son manque complet d'inhibition, qui n'arrive à passer pour de l'intimité, ce qui explique peut-être l'attirance perverse que les conjoints éprouvent souvent l'un pour l'autre, apparemment intimes lorsqu'ils sont au lit ou donnent libre cours à leur haine et rage mutuelles, mais seulement alors. Reste que ce genre de proximité s'amenuise avec le temps. En conséquence, on recherche l'amour avec un autre partenaire, avec un nouvel étranger. Et une fois de plus, l'étranger est appréhendé dans son « intimité », on éprouve le sentiment intense et vivifiant de tomber amoureux, jusqu'à ce que, perdant peu à peu de son éclat, l'expérience s'achève dans le vœu d'une nouvelle conquête, d'un nouvel amour – toujours avec l'illusion que ce nouvel amour différera des précédents. Illusion qui est d'ailleurs renforcée puisamment par le caractère fallacieux du désir sexuel.

Le désir sexuel recherche la fusion – et ne se réduit nullement à un appétit physique, à la décharge d'une tension pénible. Mais le désir sexuel peut être stimulé par l'angoisse de la solitude, par l'espoir de conquérir ou d'être conquis, par la vanité, par le souhait de blesser et même de détruire, tout autant qu'il peut l'être par l'amour. Il semble que toute émotion forte, l'amour n'en étant qu'une parmi d'autres, ait le privilège de stimuler le désir sexuel et de se l'incorporer. Parce que la plupart des gens associent en esprit le désir sexuel et l'idée de l'amour, ils en arrivent facilement à la conclusion erronée qu'ils sont mutuellement amoureux lorsqu'ils se désirent physiquement. Certes, l'amour peut susciter le désir de s'unir sexuellement ; dans ce cas, la relation sexuelle est dépourvue de toute convoitise, de toute propension à conquérir ou à être conquis, mais se révèle empreinte de tendresse. Par contre, si le désir de s'unir sexuellement n'est pas animé par l'amour, si l'amour érotique n'est pas en même temps fraternel, il ne fonde pas une union véritable, sinon dans un sens orgiaque, donc transitoire. L'attirance sexuelle donne sur le moment l'illusion d'être unis, mais il n'empêche que, sans amour, cette « union » laisse les personnes aussi étrangères, aussi isolées qu'auparavant – parfois dans la honte, ou même dans la haine, dans la mesure où, l'illusion s'étant dissipée, elles ressentent leur distance avec plus d'acuité encore qu'au départ. Faisons remarquer que, contrairement à ce que pensait Freud, la tendresse n'est nullement une sublimation de l'instinct sexuel ; elle découle directement de l'amour fraternel et se trouve présente dans toutes les formes d'amour, qu'elles impliquent ou non une participation charnelle.

A la différence de l'amour fraternel et de l'amour maternel, l'amour érotique se veut exclusif. Ce point mérite considération. C'est à tort que l'on interprète souvent l'exclusivité de l'amour érotique comme une sorte d'attachement possessif. Reconnaissons-le, il est fréquent de rencontrer deux personnes « amoureuses » qui, par ailleurs, ne ressentent d'amour pour qui que ce soit. Mais en fait, leur amour est un égoïsme à *deux*[x] ; elles

x En français dans le texte.

s'identifient l'une à l'autre et résolvent le problème de la séparation en élargissant à la mesure du couple leur isolement respectif. Bien qu'elles aient le sentiment de surmonter leur solitude, leur union n'en est pas moins illusoire : se coupant du reste de l'humanité, elles restent étrangères l'une à l'autre et aliénées vis-à-vis d'elles-mêmes. Sans doute l'amour érotique est-il exclusif, mais il implique qu'à travers l'autre, nous aimions l'ensemble de l'humanité, tout ce qui est vivant. S'il est exclusif, c'est uniquement en ce sens qu'une fusion complète et intense n'est possible qu'avec une seule personne. C'est en tant que fusion, engagement total dans tous les secteurs de la vie, que l'amour érotique exclut que l'on aime plus d'une personne – mais non dans la mesure où il comporte une dimension profonde d'amour fraternel.

L'amour érotique, s'il est amour, a une prémisse. Qu'il émane de l'essence de mon être et rejoigne l'autre dans l'essence du sien. Mais en essence, tous les êtres humains sont identiques. Nous participons tous de l'Un ; nous sommes l'Un. Ceci étant, peut importe qui nous aimons. L'amour devrait être essentiellement un acte de volonté, la décision de confier intégralement ma vie à celle d'une autre personne. Et effectivement, c'est ce qui fonde l'idée de l'indissolubilité du mariage, ainsi que maintes formes de mariage traditionnel où les deux partenaires, plutôt que de se choisir mutuellement, sont choisis l'un pour l'autre – bien que l'on s'attende à ce qu'ils s'aiment. Dans la culture occidentale contemporaine, cette conception apparaît tout à fait fausse. On suppose que l'amour procède d'une réaction émotive spontanée, de l'envahissement soudain d'un sentiment irrésistible. De ce point de vue, on n'est sensible qu'aux singularités des deux personnes impliquées – sans égard pour le fait que tous les hommes participent d'Adam et toutes les femmes d'Eve. On néglige ainsi un facteur important dans l'amour érotique, la *volonté*. Aimer quelqu'un ne relève pas seulement de la puissance du sentiment – mais d'une décision, d'un jugement, d'une promesse. Si l'amour n'était que sentiment, la promesse de s'aimer pour toujours n'aurait aucun fondement. Un sentiment peut faire irruption comme il peut disparaître. Comment puis-je juger qu'il persistera si mon acte ne comporte ni jugement ni décision ?

Tenant compte de ces points de vue, on peut être amené à soutenir que l'amour est exclusivement affaire de volonté et d'engagement, sans qu'il faille dès lors attribuer aux partenaires une importance décisive. Que le mariage soit arrangé par des tiers ou qu'il résulte d'un choix individuel, reste que, une fois conclu, c'est à la volonté qu'il reviendrait de garantir la stabilité de l'amour. En vérité, cette position semble négliger le caractère paradoxal de la nature humaine et de l'amour érotique. Certes, nous participons tous de l'Un – mais par ailleurs, chacun d'entre nous constitue une entité unique, absolument singulière. Ce même paradoxe se retrouve dans nos relations à autrui. Dans la mesure où nous sommes tous un, nous pouvons vouer à chacun un même amour fraternel. Mais dans la mesure où nous sommes aussi tous différents, l'amour érotique requiert certains éléments spécifiques, éminemment individuels, qui sont partagés en commun par quelques-uns, et non par tous.

En résumé, ces deux conceptions – l'amour érotique comme attirance totalement individuelle et unique entre deux personnes spécifiques, d'autre part l'amour érotique comme acte de pure volonté – sont vraies, ou plus exactement la vérité ne réside ni dans l'une ni dans l'autre. En ce sens, soutenir qu'il ne faut pas hésiter à dissoudre cette relation si elle n'est pas satisfaisante, est tout aussi erroné que de prétendre qu'il faut la maintenir à tout prix.

d. *L'amour de soi*[13]

Si le concept d'amour appliqué à divers objets ne soulève aucune objection, par contre, nombreux sont ceux qui croient qu'autant il est vertueux d'aimer autrui, autant il est coupable de s'aimer soi-même. Dans la mesure où je m'aime, suppose-t-on, je n'aime pas les autres, l'amour de soi étant synonyme d'égoïsme. Ce point de vue remonte loin dans la pensée occidentale. Calvin parle de l'amour de soi comme de « la peste »[14]. Freud l'envisage en termes psychiatriques, mais son jugement de valeur rejoint en fait celui de Calvin. Pour lui, l'amour de soi se confond avec le narcissisme, état dans lequel la *libido* est tournée vers le sujet lui-même. Le narcissisme représente le premier stade du développement humain, et la personne qui ultérieurement régresse à ce stade s'avère incapable d'amour ; à la limite, elle sombre dans la folie. Freud suppose que l'amour est une manifestation de la *libido,* celle-ci étant ou bien tournée vers les autres – dans l'amour –, ou bien vers soi-même – dans l'amour de soi. L'amour et l'amour de soi apparaissent dès lors comme mutuellement exclusifs en ce sens que plus il y a de l'un, moins il y a de l'autre. Si

---

13 Paul Tillich, dans un compte rendu sur *The Sane Society,* dans *Pastoral Psychology,* septembre 1955, suggère qu'il vaudrait mieux abandonner le terme quelque peu ambigu d'« amour de soi » et le remplacer par « affirmation naturelle de soi » ou par « acceptation paradoxale de soi ». Malgré les mérites de cette proposition, je ne puis être du même avis que lui. « Amour de soi » rend plus clairement ce qu'il y a de paradoxal dans l'amour de soi. Il exprime le fait que l'amour est une attitude qui se manifeste de manière identique vis-à-vis de tous les objets, le Moi y compris. D'autre part, il ne faut pas oublier que le terme « amour de soi », au sens où nous l'entendons ici, a une histoire. Ainsi, le précepte biblique « aime ton prochain *comme toi-même* »se réfère à l'amour de soi, et Maître Eckhart en parle exactement dans le même sens.

---

14 John Calvin, *Institutes of the Christian Religion,* traduction anglaise par J. Albau, Presbyterian Board of Christian Education, Philadelphia, 1928, Chap. 7, par. 4, p. 62.

l'amour de soi est un vice, il s'ensuit que l'oubli de soi est une vertu.

Mais plusieurs problèmes se posent. L'observation psychologique corrobore-t-elle la thèse selon laquelle il existe une contradiction fondamentale entre l'amour de soi et l'amour des autres ? L'amour de soi et l'égoïsme constituent-ils un seul et même phénomène, ou des phénomènes opposés ? Est-il d'ailleurs certain que l'égoïsme de l'homme moderne traduise réellement un *souci de lui-même* en tant qu'individu, avec toutes les ressources de son intelligence, de son affectivité et de ses sens ? L'homme moderne n'est-il pas devenu plutôt une excroissance de son rôle socio-économique ? *Son égoïsme s'identifie-t-il avec l'amour de soi ou résulte-t-il au contraire d'un manque de ce dernier ?*

Avant de discuter les aspects psychologiques de l'égoïsme et de l'amour de soi, nous avons à dénoncer l'erreur de logique qui sous-tend la notion d'incompatibilité entre l'amour des autres et l'amour de soi. Si c'est une vertu d'aimer mon prochain en tant qu'être humain, ce doit en être une – et non un vice – de m'aimer moi-même, étant donné que je suis aussi un être humain. Il n'est point de concept de l'homme dans lequel je ne sois moi-même inclus. Toute doctrine qui proclame une telle incompatibilité se pose d'emblée comme intrinsèquement contradictoire. Le précepte biblique « Aime ton prochain comme toi-même » signifie précisément que le respect de sa propre intégrité et singularité, l'amour et la compréhension de son propre soi, sont inséparables du respect, de l'amour et de la compréhension d'autrui. L'amour de mon propre moi est indissolublement lié à l'amour des autres.

Nous en arrivons aux prémisses psychologiques sur lesquelles repose en définitive notre argumentation. Succinctement, on peut les formuler comme suit : nos sentiments et attitudes ont non seulement les autres, mais nous-mêmes, pour « objet ». En quoi il n'y a pas contradiction, mais *conjonction* fondamentale. Autrement dit, pour en revenir au problème qui nous occupe, l'amour des autres et l'amour de nous-mêmes ne constituent pas une alternative. Au contraire, l'amour de soi se rencontre chez tous ceux qui sont capables d'aimer les autres. *L'amour est en principe indivisible pour ce qui est de la connexion entre les « objets » et son propre soi.* S'il est authentique, il se donne comme une expression de productivité et implique sollicitude, respect, responsabilité et connaissance. Il n'est pas un « affect » au sens où l'on est affecté par quelqu'un, mais un dynamisme actif, s'enracinant dans notre propre capacité d'amour, et qui vise à la croissance et au bonheur de la personne aimée.

Dans l'amour d'un être s'actualise et se concentre la puissance d'aimer. L'affirmation fondamentale inhérente à l'amour se porte sur la personne aimée en tant qu'elle incarne des qualités essentiellement humaines. L'amour d'un seul être met en jeu l'amour de l'homme comme tel. Cette espèce de « division du travail », comme l'appelle William James, en vertu de laquelle l'attachement à la famille voisine avec l'indifférence à l'égard de l'« étranger », témoigne d'une impuissance foncière à aimer. Quoi qu'on en pense généralement, l'amour de l'homme ne résulte pas d'une abstraction réalisée à partir de l'amour d'une personne spécifique, mais il en constitue au contraire la prémisse, même si génétiquement il s'acquiert en aimant des individus spécifiques.

En conclusion, il est donc légitime de prétendre que le moi propre doit être objet de notre amour au même titre que toute autre personne. *L'affirmation de notre vie, de notre bonheur, de notre croissance et de notre liberté, s'enracine dans notre capacité d'aimer,* c'est-à-dire dans la sollicitude, le respect, la responsabilité et la connaissance. Si quelqu'un est capable d'amour productif, il s'aime également ; s'il *ne* peut aimer *que* les autres, il n'aime en aucune façon.

Etant admis que l'amour de soi est en principe indissociable de l'amour d'autrui, comment alors expliquer l'égoïsme, qui manifestement exclut tout souci authentique pour les autres ? La personne *égoïste* ne se préoccupe que d'elle-même, accapare tout à son profit, ne trouve aucun plaisir à donner, mais uniquement à prendre. Elle envisage le monde extérieur sous l'angle exclusif de ce qu'elle peut en tirer, indifférente aux besoins des autres, sans respect pour leur dignité et intégrité. N'ayant qu'elle-même en vue, elle juge de chacun et de chaque chose en fonction de leur utilité. En somme, elle se montre fondamentalement incapable d'aimer. N'est-ce pas la preuve que le souci des autres et le souci de soi-même constituent une alternative inévitable ? Il en serait ainsi si l'égoïsme et l'amour de soi étaient identiques. Mais admettre ce présupposé, c'est en revenir au sophisme dont nous avons dénoncé tout à l'heure les conclusions aberrantes. *Loin d'être identiques, l'égoïsme et l'amour de soi sont en fait des phénomènes contraires.* La personne égoïste, plutôt que de trop s'aimer, s'aime trop peu ; disons-le, elle se hait. Ce manque d'affection et de sollicitude pour elle-même, qui n'est au fond qu'une expression parmi d'autres de son manque de productivité, la laisse vide et frustrée. Nécessairement malheureuse, elle se montre avide d'arracher à la vie les satisfactions qu'elle pourrait obtenir si elle n'y faisait elle-même obstacle. L'attention excessive qu'elle semble se porter ne représente en fin de compte qu'une vaine tentative pour dissimuler et compenser son échec à prendre soin de son soi réel. Freud soutient que la personne égoïste est narcissique, comme si elle avait retiré d'autrui tout son potentiel d'amour pour le reporter sur sa propre personne. *Certes, les personnes égoïstes sont incapables d'aimer autrui, mais elles sont tout aussi incapables de s'aimer elles-mêmes.*

Pour mieux saisir ce qu'est l'égoïsme, nous pouvons le comparer à la sollicitude envahissante dont fait preuve, par exemple, une mère surprotectrice. Alors que consciemment elle se figure avoir une affection particulière pour son enfant, elle nourrit en fait une hostilité profondément refoulée envers l'objet de ses soins. Sa tendance à surprotéger ne découle pas d'un excès d'amour pour l'enfant, mais de l'obligation de compenser son impuissance à l'aimer.

Cette théorie de la nature de l'égoïsme est confirmée par ce que nous apprend l'expérience psychanalytique sur le « désintéressement » névrotique : bien des gens présentent ce symptôme, mais en général, ce n'est pas ce symptôme comme tel qui les inquiète, mais d'autres qui lui sont liés, comme la dépression, la fatigue, l'incapacité de travailler, l'échec de leurs relations amoureuses, etc. Bien plus, loin de ressentir leur désintéressement comme un « symptôme », ces gens y voient un trait de caractère qui en quelque sorte les rachète, le seul dont ils puissent s'enorgueillir. La personne « désintéressée » ne désire rien pour elle-même ; elle « vit seulement pour les autres » et tire de la fierté à ne se donner aucune importance. Qu'en dépit de son désintéressement elle se sente malheureuse, insatisfaite dans ses relations les plus intimes, la déconcerte au plus haut point. En fait, le travail psychanalytique révèle que son désintéressement ne peut être isolé des autres symptômes, mais constitue l'un d'entre eux, et souvent même le plus important : elle apparaît paralysée dans sa capacité d'amour et de jouissance, animée d'une sourde hostilité envers la vie, et dissimulant sous les apparences du désintéressement une centration sur soi qui, pour être subtile, n'en est pas moins intense. Dans de tels cas, la guérison ne peut s'obtenir qu'en interprétant le désintéressement au même titre que les autres symptômes, ceci afin de corriger le manque de productivité où s'enracinent à la fois ce désintéressement *et* les autres troubles.

La nature du désintéressement devient particulièrement manifeste dans son incidence sur autrui, et le plus souvent, au sein de notre culture, dans les effets qu'exerce une mère « désintéressée » sur ses enfants. Elle croit que, par son désintéressement, ses enfants feront l'expérience de ce qu'implique être aimé et apprendront en retour ce qu'aimer signifie. Mais son désintéressement n'entraîne pas les effets escomptés. Les enfants ne rayonnent pas de ce bonheur qu'éprouvent ceux qui ont l'assurance d'être aimés ; ils sont anxieux, tendus, redoutant la moindre désapprobation de leur mère et tout préoccupés de combler son attente. Ils sentent, plutôt qu'ils ne reconnaissent clairement, l'hostilité latente de leur mère à l'égard de la vie, ils en subissent le contrecoup, et finalement ils en deviennent eux-mêmes imprégnés. En somme, la mère « désintéressée » exerce une influence assez comparable à celle d'une mère égoïste, et disons-le, souvent pire, car le désintéressement de la mère empêche les enfants de la critiquer. Ils se trouvent dans l'obligation de ne pas la décevoir ; ils ont appris, sous le masque de la vertu, à détester la vie. Par contre, si l'on a l'occasion de rencontrer chez une mère un authentique amour de soi et d'en observer les effets, on verra que rien n'est plus favorable, que rien ne contribue davantage à donner à un enfant l'expérience de l'amour, de la joie et du bonheur, que d'être aimé par une mère qui s'aime elle-même.

Nous ne pourrions mieux résumer ces réflexions sur l'amour de soi qu'en citant ici Maître Eckhart : « Si vous vous aimez vous-même, vous aimez chacun comme vous-même. Aussi longtemps que vous aimerez quelqu'un moins que vous-même, vous ne réussirez pas vraiment à vous aimer, mais si votre amour s'étend à tous également, vous-même y compris, vous aimerez l'ensemble des êtres comme ne faisant qu'une seule personne, et cette personne est à la fois Dieu et l'homme. Aussi est-il grand et juste celui qui, s'aimant lui-même, aime tous les êtres d'une égale façon »[15].

e. L'amour de Dieu

Nous avons affirmé plus haut que le besoin d'aimer procède de notre sentiment de séparation et du désir de surmonter l'angoisse de cette séparation par une expérience d'union. Il en va de même, psychologiquement parlant, de la forme religieuse de l'amour, ce qu'on appelle l'amour de Dieu. Celui-ci jaillit du besoin de surmonter la séparation et de réaliser l'union. En fait, l'amour de Dieu comporte autant de qualités et d'aspects que l'amour de l'homme – et dans une large mesure, nous retrouvons les mêmes différences.

Dans toutes les religions théistes, qu'elles soient polythéistes ou monothéistes, Dieu représente la valeur suprême, le bien le plus désirable. Dès lors, la conception que l'on se fait de Dieu dépend de ce que chacun considère comme le bien le plus désirable. Il s'ensuit que, pour comprendre le concept de Dieu, nous devons commencer par analyser la structure caractérielle de la personne qui adore Dieu.

Si loin que nous remontions, le développement de la race humaine se caractérise par le fait que l'homme s'est détaché de la nature, de la mère, des liens du sang et de la terre. Au début de l'histoire humaine, tout en s'arra-

---

15 *Meister Eckhart*, traduit par R.B. Blakney, Harper & Brothers, New York, 1941, p. 204.

chant à l'unité originelle avec la nature, l'homme s'accroche encore à ces liens primitifs. Il trouve sa sécurité en y retournant ou en s'y maintenant. Il se sent en continuité avec le monde des animaux et des arbres, et tente d'assurer son unité en restant un avec le monde naturel. Bien des religions primitives témoignent de ce stade de développement. On transforme un animal en totem ; on porte des masques d'animaux dans les actes religieux les plus solennels, ou au combat ; on adore un animal à l'instar de Dieu. Ultérieurement, lorsque le savoir-faire s'est exprimé dans des formes artisanales ou artistiques, lorsque l'humanité a cessé d'être exclusivement dépendante des dons de la nature – du fruit que l'on cueille ou de l'animal que l'on tue – l'homme transforme en dieu le produit de ses mains. C'est l'époque où des idoles faites d'argile, d'argent ou d'or, deviennent objet de culte. L'homme projette ses pouvoirs et son habileté dans les choses qu'il fabrique, et adore ainsi, sous une forme aliénée, ses hauts faits et ses acquis. A un stade encore plus avancé, l'homme conçoit ses dieux à l'image d'êtres humains. Ceci implique, semble-t-il, qu'il ait pris une plus haute conscience de lui-même et qu'il se soit découvert comme étant la « chose » la plus digne et la plus élevée de l'univers. Durant cette phase d'anthropomorphisme religieux, on constate un double développement. L'un a trait à la nature féminine ou masculine des dieux ; l'autre, au degré de maturité atteint par l'homme, et qui rejaillit sur la nature de ses dieux et de son amour à leur égard.

Passage des religions matriarcales aux religions patriarcales

Envisageons d'abord le passage des religions centrées sur la mère aux religions centrées sur le père. Si l'on se réfère aux découvertes importantes et décisives de Bachoven et Morgan au milieu du dix-neuvième siècle, – malgré l'opposition des cercles académiques de l'époque, – il ne fait guère de doute que la phase patriarcale de la religion ait été précédée d'une phase matriarcale, du moins dans de nombreuses cultures. Durant la phase matriarcale, la prééminence revient à la mère. Elle est la déesse, elle détient l'autorité dans la famille et dans la société. Pour comprendre l'essence de la religion matriarcale, il suffit de nous rappeler ce que nous disions de l'amour maternel. L'amour de la mère est inconditionnel, il est tout entier protection et enveloppement ; de plus, étant inconditionnel, on ne saurait ni le régenter ni l'acquérir. Sa présence donne à la personne aimée un sentiment de béatitude ; son absence, un sentiment d'abandon et de désespoir absolu. Etant donné qu'une mère aime ses enfants parce qu'ils sont ses enfants, et non parce qu'ils sont « bons », obéissants ou attentifs à ses désirs, l'amour maternel se fonde sur l'égalité. Tous les hommes sont égaux en tant qu'ils sont tous des enfants d'une mère, en tant qu'ils sont tous des enfants de la Terre Mère.

Le stade suivant de l'évolution humaine, le seul dont nous ayons une connaissance exhaustive et qui ne nécessite pas d'inférences et reconstitutions, est la phase patriarcale. Durant celle-ci la mère est détrônée, et c'est le père qui, dans la religion comme dans la société, devient l'Etre suprême. Par sa nature, l'amour paternel pose des exigences, établit des principes et des lois, et ne se maintient que dans la mesure où le fils répond à ses requêtes. Le père préfère le fils qui lui ressemble le plus, qui est le plus obéissant, qui se montre le plus apte à lui succéder comme héritier. (Le développement de la société patriarcale va de pair avec le développement de la propriété privée). En conséquence, la société patriarcale est hiérarchique ; l'égalité entre les frères cède le pas à la compétition et à la lutte. Que nous songions aux cultures indienne, égyptienne ou grecque, aux religions judéo-chrétienne ou islamique, nous nous trouvons au centre d'un monde patriarcal, avec des dieux mâles, sur lesquels règne un dieu souverain, ou dont tous les dieux ont été éliminés à l'exception de l'Unique, *le* Dieu. Toutefois, comme on ne peut extirper du cœur humain le désir de l'amour maternel, il n'est pas surprenant que l'on n'ait jamais réussi à chasser complètement du panthéon la figure de la mère aimante. Dans la religion juive, les composantes maternelles de Dieu réapparaissent surtout dans les divers courants du mysticisme. Dans la religion catholique, la Mère est symbolisée par l'Église et par la Vierge. Même dans le protestantisme, la figure de la Mère n'est pas absente, bien qu'elle reste voilée. Luther pose comme principe fondamental que rien de ce que l'homme *fait* ne peut lui assurer l'amour de Dieu. L'amour de Dieu est Grâce, l'attitude religieuse consiste à avoir foi en cette grâce, à se faire petit et faible ; aucune bonne œuvre ne peut fléchir Dieu, ou faire en sorte que Dieu nous aime, comme le postule la religion catholique. Il est à remarquer ici que la doctrine catholique des bonnes œuvres relève de l'image patriarcale ; je puis obtenir l'amour paternel par mon obéissance, en me pliant à ses exigences. Mais revenons à la doctrine luthérienne. Bien qu'elle présente ostensiblement un caractère patriarcal, elle entretient à l'intérieur d'elle-même un élément matriarcal caché. L'amour maternel ne peut être acquis ; il est là ou il n'est pas là ; tout ce que je puis faire c'est avoir la foi («Tu m'as laissé reposer en sécurité sur le sein de ma mère »[16], dit le Psalmiste) et me transformer en un enfant faible et impuissant. Mais l'originalité de la foi luthérienne est que la

16 Ps. 22 : 9.

figure de la mère a été remplacée dans la vision explicite par celle du père : la certitude de l'amour maternel a fait place à un doute intense, à un espoir désespéré en l'amour inconditionnel du *père*.

Si j'ai commencé par marquer la différence entre les éléments matriarcaux et patriarcaux dans la religion, c'est afin de montrer que l'amour de Dieu varie d'après le poids respectif de ces éléments. Dans l'optique patriarcale, j'aime Dieu comme un père, je présume qu'il est juste et sévère, et en fin de compte qu'il fera de moi le fils de sa dilection, comme Dieu a choisi Abraham, comme Isaac a choisi Jacob, comme Dieu a un peuple élu. Dans l'optique matriarcale, j'aime Dieu comme une mère qui est tout entière embrassement. J'ai foi en son amour, je sais que, même si je suis pauvre et impuissant, même si j'ai péché, elle continuera de m'aimer, elle ne préférera aucun autre de ses enfants à moi-même ; quoi qu'il m'advienne, elle me secourera, me sauvera, me pardonnera. Il va sans dire que mon amour pour Dieu est inséparable de l'amour de Dieu pour moi : s'il est père, il m'aime comme un fils et je l'aime comme un père ; s'il est mère, son amour et le mien en portent la marque.

La différence entre les aspects maternels et paternels de l'amour divin ne constitue cependant pas le seul facteur qui spécifie cet amour. Il faut tenir compte, en outre, du degré de maturité de l'individu, car la conception qu'il se fait de Dieu et l'amour qu'il lui porte en dépendent.

Passage du principe anthropomorphique au principe monothéiste

Comme, au point de vue social et religieux, la race humaine a évolué d'une structure centrée sur la mère à une autre centrée sur le père[17], nous retrouverons au mieux la maturation d'un amour en nous appuyant sur le développement de la religion patriarcale. Au départ, nous trouvons un dieu despotique, jaloux, considérant comme sa propriété l'homme qu'il a créé et s'estimant en droit de faire de lui ce qui lui plaît. Dieu chasse l'homme du paradis, de crainte qu'il ne mange de l'arbre de la connaissance et devienne Dieu à son tour ; il décide d'exterminer la race humaine par le déluge, personne n'ayant trouvé grâce à ses yeux, sinon Noé, objet de sa prédilection ; il ordonne à Abraham de sacrifier Isaac, son fils unique et bien-aimé, afin de mettre son amour à l'épreuve en exigeant de lui un acte ultime d'obéissance. Mais en même temps s'amorce une ère nouvelle ; Dieu conclut avec Noé une alliance par laquelle il s'engage à ne plus jamais détruire la race humaine, une alliance par laquelle il se lie lui-même. Non seulement il est lié par ses promesses, mais par le principe de justice qu'il représente, et c'est au nom de ce principe qu'il cède à Abraham, lorsque ce dernier demande d'épargner Sodome s'il s'y trouve au moins dix justes. Hier encore chef tribal despotique, voici que Dieu prend figure de père aimant, de père lié par les principes qu'il a posés. Mais l'évolution ne se limite pas à cette simple transformation de l'image divine : on s'oriente vers une conception où Dieu n'est plus seulement la figure du père, mais symbole des principes paternels de justice, de vérité et d'amour. Dieu *est* vérité, Dieu *est* justice. Dieu cesse d'être une personne, un homme, un père ; il symbolise désormais le principe d'unité derrière la multiplicité des

---

17 Ceci vaut surtout pour les religions monthéistes de l'Occident. En effet, dans les religions indiennes, les figures maternelles ont gardé beaucoup d'influence : que l'on songe, par exemple, à la Déesse Kali. D'autre part, dans le bouddhisme et le taoïsme, le concept d'un Dieu – ou d'une Déesse – s'il n'a pas complètement disparu, s'est du moins vidé de toute signification essentielle.

phénomènes, la vision de cette fleur qui monte de la semence spirituelle que l'homme porte en lui. Dieu ne peut avoir de nom. Un nom désigne toujours un objet ou une personne, quelque chose de fini. Comment Dieu aurait-il un nom s'il n'est ni personne ni objet ?

Le tournant décisif se trouve dans la révélation de Dieu à Moïse. Lorsque Moïse objecte que les Hébreux ne le prendront pas pour l'envoyé divin s'il ne leur dit le nom de Dieu (comment des adorateurs d'idoles comprendraient-ils un Dieu sans nom, puisque l'essence d'une idole est d'en avoir un ?), Dieu fait une concession. Il répond à Moïse que son nom est « Je-suis ce que je suis ». « Je suis est mon nom ». Le « Je-suis » signifie que Dieu n'est pas fini, qu'il n'est ni une personne ni un « être ». La traduction la plus adéquate de cette parole serait : dites-leur que « mon nom est d'être sans nom ». L'interdiction de confectionner des images de Dieu, de prononcer son nom en vain, même de le prononcer tout court, vise le même objectif : libérer l'homme de l'idée que Dieu est un père, qu'il est une personne. Poursuivant sur cette lancée, la théologie a posé le principe qu'on ne peut donner à Dieu d'attribut positif. Dire de Dieu qu'il est sage, puissant ou bon impliquerait de nouveau qu'il est une personne ; tout au plus puis-je dire ce que Dieu *n'*est *pas,* affirmer des attributs négatifs, postuler qu'il *n'*est *ni* limité, ni mauvais, ni injuste. Mieux je sais ce que Dieu *n'*est *pas,* plus profonde est la connaissance que j'en ai[18].

Si l'on suit le monothéisme dans toutes ses conséquences, on arrive à la conclusion qu'il ne faut pas mentionner le nom de Dieu, qu'il ne faut pas parler *de* Dieu. Alors Dieu devient ce qu'il est virtuellement dans la

---

18 Cf. la conception des attributs négatifs chez Maimonide, *The Guide for, the Perplexed.*

théologie monothéiste, l'Un sans nom, un balbutiement inexprimable, se référant à l'unité qui sous-tend l'univers phénoménal, le fondement de toute existence ; Dieu devient vérité, amour, justice. Dieu est moi-même, dans la mesure où je suis humain.

De toute évidence, le passage du principe anthropomorphique au principe monothéiste pur affecte radicalement la nature de l'amour de Dieu. Le Dieu d'Abraham peut être aimé ou craint comme un père, selon que l'on est frappé par sa clémence ou par sa colère. Aussi longtemps que Dieu est père, je reste un enfant. Je ne suis pas affranchi complètement du désir autistique d'omniscience et d'omnipotence. Je n'ai pas encore acquis l'objectivité qui me permettrait de prendre conscience de mes limites humaines, de mon ignorance, de ma faiblesse. Semblable à un enfant, je revendique la présence d'un père qui me secoure, me protège, me punisse, d'un père qui m'aime lorsque je lui obéis, qui est flatté par mes éloges et irrité par mes incartades. Indiscutablement, la plupart des gens en sont restés à ce stade infantile : ils croient en Dieu comme en un père toujours prêt à les aider – illusion puérile. Cette vue a été dépassée par quelques grands maîtres de l'humanité et par une minorité d'hommes, mais elle demeure la forme prédominante de la religion.

S'il en est ainsi, la critique faite par Freud à l'idée de Dieu s'avère correcte. Son erreur fut seulement d'ignorer l'autre aspect de la religion monothéiste, son véritable foyer, dont la logique conduit précisément à nier pareille conception de Dieu. L'homme authentiquement religieux, s'il est fidèle à l'essence du monothéisme, ne prie pas pour quelque chose et n'attend de Dieu quoi que ce soit ; il n'aime pas Dieu comme un enfant aime son père ou sa mère ; il a acquis l'humilité d'éprouver ses limites ; il sait qu'il ne sait rien sur Dieu. Dieu devient le symbole dans lequel l'être humain, à un stade antérieur de son évolution, a exprimé la totalité de ce à quoi il aspire, le royaume spirituel où règnent amour, vérité et justice. L'homme religieux authentique a foi dans les principes que « Dieu » représente ; il pense la vérité, vit l'amour et la justice, et il ne donne de prix à son existence que dans la mesure où il y trouve l'occasion d'épanouir au maximum ses vitualités humaines – seul chose qui importe, seul objet de « préoccupation ultime » ; en fin de compte, il ne parle pas de Dieu, ni ne mentionne même son nom. S'il parlait d'aimer Dieu, cela signifierait simplement qu'il éprouve le désir nostalgique d'accomplir la pleine mesure de l'amour, de réaliser ce que « Dieu » est à ses yeux.

De ce point de vue, la pensée monothéiste entraîne comme conséquence logique la négation de toute « théologie », de toute « connaissance à propos de Dieu », quitte à maintenir une différence entre cette conception non-théologique radicale et un système théiste tel que nous le trouvons, par exemple, dans le Bouddhisme primitif ou le Taoïsme.

Tous les systèmes théistes, y compris ceux qui ont une orientation mystique et non-théologique, postulent la réalité d'un royaume spirituel qui transcende l'homme, qui confère sens et validité aux pouvoirs de son esprit, à ses efforts en vue du salut et de la naissance intérieure. Par contre, dans un système non-théiste, il n'existe pas de royaume spirituel en dehors de l'homme, ou qui le transcende. Le royaume de l'amour, de la raison et de la justice n'a de réalité que dans la mesure où l'homme a réussi à développer ses virtualités en lui-même, au cours de son histoire. De ce point de vue, il n'y a d'autre sens à la vie que celui que l'homme lui attribue ; l'homme est absolument seul, sinon quand il assiste autrui.

Quant à moi, je ne pense pas en termes de théismes. A mes yeux, l'idée de Dieu n'est qu'un concept historiquement conditionné, dans lequel l'homme a exprimé ses pouvoirs supérieurs, son désir nostalgique de la vérité et de l'unité, à un moment de son histoire. Mais je crois que, lorsqu'on envisage toutes leurs conséquences spirituelles, le monothéisme et le non-théisme constituent deux points de vue qui, bien que différents, n'ont pas à se combattre.

Logique aristotélicienne et logique paradoxale

Pour y voir plus clair, nous envisagerons une dernière dimension du problème complexe que pose l'amour de Dieu. Je songe à la différence fondamentale entre les attitudes religieuses de l'Orient (Chine et Inde) et de l'Occident, différence que l'on peut exprimer en termes de logique. La logique occidentale, depuis Aristote, se fonde sur le principe d'identité (A est A), sur le principe de contradiction (A n'est pas non-A), et sur le principe du tiers-exclu (A ne peut être A *et* non-A, ni A *ou* non-A). Aristote explique très clairement sa position dans l'énoncé suivant : « Il est impossible que, simultanément, une chose soit et ne soit pas la même chose sous le même rapport ; qu'on apporte toutes les distinctions qu'on voudra pour rencontrer les objections dialectiques, nous n'en avons que faire. Ceci est le plus certain de tous les principes...[19] » Cet axiome a si profondément pénétré nos habitudes de pensée qu'il est ressenti par nous comme naturel et évident en soi, tandis que l'affirmation « X est A *et* non-A » apparaît absurde. (Bien entendu, l'affirmation concerne X à un moment donné, non X maintenant et plus tard, ni un aspect de X comparé à un autre de ses aspects).

A la logique aristotélicienne s'oppose ce qu'on pourrait appeler la *logique paradoxale* : elle suppose que A et

19 Aristote, *Métaphysique,* Livre Gamma, 1005 b. 20.

non-A ne s'excluent pas comme prédicats de X. Pareille logique était en vigueur dans la pensée chinoise et indienne, ainsi que dans la philosophie d'Héraclite ; plus tard encore, sous le nom de dialectique, elle devint la philosophie de Hegel et de Marx. Son principe général a été clairement posé par Lao-Tse. « *Les mots strictement vrais paraissent paradoxaux* »[20]. Et par Tchouang-Tseu : « Ce qui est un est un. Ce qui n'est pas un est également un ». Ces formulations de la logique paradoxale peuvent prendre un tour positif : *c'est et ce n'est pas* ; et un tour négatif : *ce n'est ni ceci ni cela.* La première expression, nous la trouvons dans la pensée taoïste, chez Héraclite, et aussi dans la dialectique hégélienne ; la seconde se rencontre fréquemment dans la philosophie indienne.

Détailler la différence entre la logique aristotélicienne et la logique paradoxale dépasserait le cadre de cet ouvrage. Je me contenterai de citer quelques passages qui l'illustrent. En Occident, la logique paradoxale a trouvé son expression la plus précoce dans la philosophie d'Héraclite, qui voit dans le conflit des contraires le fondement de toute existence. « Ils ne comprennent pas que le tout Un est à la fois conflit et identité avec lui-même : *harmonie de conflit,* comme dans l'arc et la lyre »[21]. Héraclite écrit encore plus clairement : « Nous nous baignons dans le même fleuve, et cependant ce n'est pas dans le même : *c'est nous et ce n'est pas nous* »[22]. Ou encore : « L'Un et le même se manifestent dans les choses comme vivant et mort, éveillé et endormi, jeune et vieux »[23].

---

20 Lao-Tse, *The Tâo Teb King, The Sacred Books of the East,* Ed. F. Max Mueller, Vol. XXXIX, Oxford University Press, London, 1927, p. 120.

21 W. Capelle, *Die Vorsokratiker,* Ed. Alfred Kroener, Stuttgart, 1953, p. 134 (Traduction anglaise de E.F.).

22 *Ibid.*, p. 132.

23 *Ibid.*, p. 133.

Dans la philosophie de Lao-Tse, on retrouve la même idée sous une forme plus poétique. Voici, par exemple, une affirmation suggestive de la pensée paradoxale taoïste : « La pesanteur est la racine de la légèreté ; l'immobilité, le principe du mouvement »[24]. Et aussi : « Le Tâo dans sa course régulière ne fait rien, et ainsi il n'y a rien qu'il ne fasse pas »[25]. Et encore : « Mes paroles sont très faciles à comprendre et à pratiquer, mais il n'est personne au monde qui soit capable de les comprendre et de les pratiquer »[26]. Dans la conception taoïste, comme dans les philosophies indienne et socratique, savoir que nous ne savons pas constitue l'échelon le plus élevé auquel la pensée accède. « Savoir et cependant (penser) que nous ne savons pas est (l'accomplissement) le plus élevé ; ne pas savoir (et cependant penser) que nous savons est une maladie »[27]. Qu'on ne puisse nommer le Dieu suprême n'est qu'une conséquence de cette philosophie. La réalité ultime, l'Un ultime ne peut être appréhendé en mots ou en pensées. Comme le dit Lao-Tse,« le Tâo qui peut être foulé aux pieds n'est pas le Tâo permanent et immuable. Le nom qui peut être nommé n'est pas le nom permanent et immuable »[28]. Ou en termes différents : « Nous le regardons, et nous ne le voyons pas, et nous le nommons l'« Invisible ». Nous l'écoutons, et nous ne l'entendons pas, et nous le nommons l'« Inaudible ». Nous tentons de le saisir, et nous ne le capturons pas, et nous le nommons le « Subtil ». Comme ces trois qualités ne permettent pas de le décrire, nous les joignons ensemble et obtenons l'Un »[29]. Autre formulation de la même idée : « Celui qui connaît

---

24 Mueller, *op. cit.*, p. 69.
25 *Ibid.*, p. 79.
26 *Ibid.*, p. 112.
27 *Ibid.*, p. 113.
28 *Ibid.*, p. 47.
29 *Ibid.*, p. 57.

(le Tâo) n'est pas (préoccupé d'en) parler ; celui qui est (prêt à) en parler ne le connaît pas »[30].

Le brahmanisme s'est interrogé sur la relation entre la multiplicité (des phénomènes) et l'unité (Brahman). Mais ni en Inde ni en Chine, la philosophie paradoxale ne peut être assimilée à une forme quelconque de *dualisme*. L'harmonie (l'unité) réside dans l'état conflictuel dont elle procède. « La pensée brahmane s'est centrée dès le départ sur le paradoxe des antagonismes simultanés, sur l'identité des forces et des formes du monde phénoménal... »[31]. L'énergie ultime, dans l'univers aussi bien que dans l'homme, transcende à la fois le conceptuel et le sensible. Par conséquent, elle n'est « ni ceci ni ainsi ». Mais, comme le fait remarquer Zimmer, « il n'y a pas d'antagonisme entre « réel et irréel » dans cette conception strictement non dualiste »[32]. Dans leur recherche de l'un sous le multiple, les brahmanes sont arrivés à la conclusion que des couples de contraires perçus par nous ne reflètent pas la nature des choses, mais la nature de l'esprit percevant. La pensée doit se transcender elle-même pour atteindre la réalité véritable ; l'opposition n'est pas comme telle un élément de la réalité, mais une catégorie de l'esprit humain. Dans le Rig-Veda, ce principe est exprimé sous la forme suivante : « Je suis les deux, la force de la vie et la matière de la vie, les deux à la fois ». Poussant à bout cette idée, le Védanta postule que la pensée, avec ses fines distinctions, ne constitue qu'un « horizon plus subtil d'ignorance, en fait la plus subtile de toutes les ruses trompeuses de la maya »[33].

La logique paradoxale éclaire le concept de Dieu. Etant donné que l'esprit humain appréhende la réalité

30 *Ibid.*, p. 100.
31 H. R. Zimmer, *Philosophies of India*, Pantheon books, New York, 1951.
32 *Ibid.*
33 *Ibid.*, p.424.

par antithèses, aucune affirmation positive ne peut être énoncée sur Dieu, dans la mesure où celui-ci symbolise la réalité ultime. Aux yeux du Védanta, le fait de concevoir un Dieu omniscient et omnipotent dénote une ignorance extrême[34]. On voit le lien avec l'innommabilité du Tâo, avec le nom du Dieu sans nom se révélant à Moïse, avec le « Rien absolu » de Maître Eckhart. L'homme ne peut connaître la réalité ultime que sur le mode négatif, jamais sur le mode positionnel. « Si conscient soit-il de ce que Dieu n'est pas, l'homme ne peut connaître ce que Dieu est... Ainsi n'étant satisfait par rien, l'esprit réclame à grands cris le bien suprême par excellence »[35]. Pour Maître Eckhart, « L'Un divin est la négation des négations, la dénégation des dénégations... Chaque créature contient une négation : elle exclut ce qu'est l'autre »[36]. Il suit de là que Dieu devient pour Maître Eckhart le « Rien absolu », tout comme la réalité ultime est le « En Sof », l'Un infini, pour la Cabbale.

Implications sur le plan religieux et éthique

Tout ceci nous met en mesure de fonder une distinction importante en ce qui concerne la façon d'aimer Dieu. D'après les maîtres de la logique paradoxale, l'homme ne perçoit de réalité que contradictoire ; jamais il ne perçoit en *pensée* la réalité-unité dernière, l'Un comme tel. Ceci eut pour conséquence qu'on ne se donna pas pour but ultime de trouver la réponse en *pensée*. En effet, restant prisonnière du paradoxe, la pensée ne nous révèle que son impuissance à nous livrer la réponse ultime. La seule manière de saisir radicalement

---

34 Cf. Zimmer, *ibid., p. 424.*

35 *Meister Eckhart,* Traduction anglaise par R.B. Blakney, Harper & Brothers, New York, 1941, p. 114.

36 *Ibid.,* p. 247. Cf. aussi la théologie négative de Maimonide.

le monde ne réside pas dans la pensée, mais dans l'acte, dans l'expérience d'unicité. Il découle donc de la logique paradoxale que l'amour de Dieu n'est ni connaissance de Dieu en pensée, ni pensée de l'amour de Dieu, mais expérience active d'unicité avec Dieu.

On fut ainsi amené à mettre l'accent sur la sagesse de vie. Chaque action minime et chaque action importante, tout dans l'existence est voué à la connaissance de Dieu, à condition de préciser qu'il s'agit non d'une pensée correcte, mais d'une conduite correcte. Les religions orientales en témoignent clairement. Dans le Brahmanisme, comme dans le Bouddhisme et le Taoïsme, l'exigence ultime n'est pas de croire correctement, mais d'agir correctement. Il en va de même dans la religion juive. Presque jamais un schisme n'y éclata à propos d'une croyance (sauf le différend entre Pharisiens et Sadducéens, qui du reste fut essentiellement une opposition de classes sociales). La religion juive, surtout depuis le début de notre ère, a prôné la voie de la sagesse, le Halaka, – terme assez proche de celui de Tâo.

A l'époque moderne, on retrouve le même principe dans la pensée de Spinoza, de Marx et de Freud. La philosophie constitue un tournant dans la mesure où elle requiert moins une croyance correcte qu'une conduite correcte.

Marx affirme de même que « les philosophes ont interprété le monde de différentes façons, il nous reste à le transformer ». Quant à Freud, sa logique paradoxale l'a conduit au processus de la thérapie psychanalytique, expérience d'approfondissement incessant de soi-même.

Outre qu'elle privilégie l'acte sur la pensée, la logique paradoxale favorisa la *tolérance* que nous trouvons dans les religions indienne et chinoise. Si penser correctement ne permet pas d'atteindre la vérité ultime et ne constitue pas la voie du salut, il n'y a aucune raison de combattre ceux dont la pensée est parvenue à des formulations différentes. Cette tolérance s'exprime admirablement dans l'histoire que voici. On demandait de décrire un éléphant dans l'obscurité. L'un, touchant la trompe, dit : « cet animal est un tuyau d'eau » ; un autre, touchant l'oreille, déclara : « cet animal est un éventail » ; un troisième, touchant les jambes, décrivit l'animal comme un pilier.

La logique paradoxale eut également pour effet que l'on attacha plus de prix à la *transformation de l'homme* qu'au développement du *dogme* et à celui de la *science*. Pour l'Inde, la Chine, et aussi pour la mystique, l'homme n'a pas pour tâche religieuse de penser correctement, mais d'agir correctement, afin de devenir un avec l'Un dans l'acte de méditation concentrée.

En Occident a prévalu la tendance contraire. Certes, la sagesse de vie a gardé son importance, mais dans la mesure où l'on attendait de la pensée correcte qu'elle livre la vérité ultime, c'est la pensée que l'on mit à l'honneur. Sur le plan religieux, ceci s'est traduit par des énoncés dogmatiques, par des arguties sans fin sur leur formulation, par l'intolérance vis-à-vis du « noncroyant » ou de l'hérétique. « Croire en Dieu » devint la requête majeure de l'attitude religieuse. Bien entendu, l'idée qu'il faut vivre correctement n'était pas absente pour autant. Il n'empêche que la personne qui croyait en Dieu, même si elle ne le *vivait* pas, se sentait supérieure à celle qui vivait Dieu, mais ne « croyait » pas en lui.

A cette primauté de la pensée se rattache une autre conséquence, d'une portée historique considérable. L'idée d'une adéquation de l'esprit au réel fut à l'origine non seulement du dogme, mais aussi de la pensée scientifique. En science, la seule chose qui importe est de penser correctement, tant sur le plan théorique où l'honnêteté intellectuelle est requise, que sur le plan des applications pratiques, c'est-à-dire de la technique.

En bref, la logique paradoxale conduisit à la tolérance et à un effort d'auto-transformation, tandis que la logique aristotélicienne conduisit au dogme et à la science, à l'Église catholique, à la découverte de l'énergie atomique.

Nous avons déjà dégagé les implications de cette différence en ce qui concerne la façon d'aimer Dieu ; il nous suffit donc de les reprendre succinctement.

Dans le système religieux qui domine en Occident, aimer Dieu c'est en définitive croire en lui, en son existence, en sa justice et en son amour. Il s'agit essentiellement d'une expérience de pensée. Par contre, dans les religions orientales et dans le mysticisme, aimer Dieu c'est faire l'expérience d'un sentiment intense d'unicité et en même temps témoigner de cet amour dans chaque acte de la vie. Cet objectif a reçu de Maître Eckhart une formulation radicale : « Si donc je suis changé en Dieu et s'il me fait un avec lui, alors, par le Dieu vivant, il n'y a pas de distinction entre nous... Certains s'imaginent qu'ils vont voir Dieu, qu'ils vont le voir comme s'il se tenait là, et eux ici, mais il n'en est pas ainsi. Dieu et moi, nous sommes un. En connaissant Dieu, je l'assimile à moi-même, je le porte à moi. En aimant Dieu, je le pénètre » [37].

Amour de Dieu et amour des parents

Nous pouvons maintenant pousser plus loin le parallèle entre la façon d'aimer ses parents et la façon d'aimer Dieu. L'enfant commence par s'attacher à sa mère comme au « fondement de tout être ». Il se sent faible et a besoin de l'amour maternel qui est tout enveloppement. Par la suite, son affection se déplace et

37 *Meister Eckhart, op. cit.*, pp. 181-2.

se polarise sur le père en tant que principe orientant la pensée et l'action ; il cherche à mériter ses éloges et évite de le mécontenter. Enfin, touchant à maturité, il s'affranchit des pouvoirs directeurs et protecteurs du père et de la mère pour établir en lui-même les principes paternel et maternel. Il devient son propre père et sa propre mère ; il *est* père et mère. Dans l'histoire de l'humanité, nous voyons – et pouvons anticiper – le même développement : l'amour de Dieu débute par un attachement impuissant à une Déesse mère, passe par un attachement soumis à un Dieu père, atteint le stade de maturité où l'homme, cessant de concevoir Dieu comme une puissance extérieure, incorpore en lui les principes d'amour et de justice, devient un avec Dieu, et même en arrive à ne plus parler de Dieu qu'en un sens poétique, symbolique.

De là il s'ensuit que l'amour pour Dieu ne peut être dissocié de l'amour pour les parents. Si un homme ne se libère pas de l'attachement incestueux à la mère, au clan, à la nation, s'il reste dans une dépendance puérile à l'égard du père qui châtie et récompense, ou à l'égard de toute autre autorité, son amour pour Dieu n'accède pas à la maturité ; sa religion porte la marque du stade précoce où Dieu était vécu comme une mère protectrice ou comme un père justicier.

Dans la religion contemporaine, nous trouvons tous les stades, du plus primitif au plus évolué. « Dieu » évoque aussi bien un chef tribal que le « Rien absolu ». De même, comme Freud l'a montré, chacun d'entre nous garde dans son inconscient tous les stades depuis l'impuissance du premier âge. Le problème est de savoir où nous en sommes dans notre croissance. En tout cas, une chose est certaine : notre façon d'aimer Dieu correspond à notre façon d'aimer l'homme, et d'autre part, la qualité réelle de notre amour pour Dieu et pour l'homme est souvent inconsciente, recouverte et rationalisée par une *pensée* plus mûre que ne l'est notre amour. En outre, étant inséré dans la trame des relations familiales, notre amour pour l'homme est en dernière analyse déterminé par la structure de la société où nous vivons. Si la structure sociale favorise la soumission à l'autorité, qu'il s'agisse d'une autorité déclarée ou de l'autorité anonyme des affaires et de l'opinion publique, l'individu ne pourra avoir de Dieu qu'une vue infantile, fort éloignée de la conception mûre dont les germes sont à trouver dans l'histoire de la religion monothéiste.

3
L'amour et sa désintégration dans la société occidentale contemporaine[1]

Si seul un caractère mûr, productif, est capable d'amour, il s'ensuit que la capacité d'aimer dans une culture quelconque dépend de l'impact de cette culture sur le caractère de l'individu moyen. Parler de l'amour dans la culture occidentale contemporaine, c'est en fin de compte se demander si la structure et l'esprit de notre société contribuent à son développement. A quoi il faut bien répondre par la négative. Aucun observateur impartial ne peut douter que l'amour – fraternel, maternel et érotique – est un phénomène relativement rare dans la vie occidentale, et qu'à sa place prolifèrent maintes contrefaçons qui sont en réalité autant de formes de la désintégration de l'amour.

La structure du capitalisme

La société capitaliste repose, d'une part, sur le principe de la liberté politique, et d'autre part, sur le marché en tant que régulateur de l'ensemble des rapports économiques, et donc sociaux. Le marché des biens détermine les conditions d'échange de ces biens. Le marché du travail règle l'achat et la vente de la force de travail. Du moment qu'elles s'avèrent utiles, les choses matérielles

1 Cf. une discussion plus détaillée du problème de l'aliénation et de l'influence de la société moderne sur le caractère de l'homme dans *The sane Society*, E. Fromm, Rinehart et Company, New York, 1955.

comme les énergies physiques et intellectuelles de l'homme sont transformées en marchandises et échangées sans fraude ni recours à la force. Encore faut-il, pour qu'il y ait échange, que les conditions du marché soient favorables. Les souliers par exemple, si utiles et nécessaires qu'ils soient, n'auraient aucune valeur économique, aucune valeur échangeable, s'ils n'étaient pas demandés sur le marché ; il en va exactement de même pour les énergies physiques et intellectuelles de l'homme. Le possesseur du capital est en mesure d'acheter la force de travail et dès lors en dispose à son gré pour investir son capital avec profit. Par contre, sous peine de mourir de faim, le possesseur de la force de travail est contraint de vendre cette dernière au capitaliste selon les conditions existant sur le marché. Cette structure se reflète dans une hiérarchie de valeurs. C'est le capital qui commande le travail : l'acquis, ce qui est mort, représente une valeur supérieure à la force de travail, aux capacités humaines, à ce qui est vivant.

Telle a été la structure fondamentale du capitalisme à ses débuts. Bien qu'elle subsiste encore aujourd'hui, nombre de facteurs ont changé, qui donnent au capitalisme moderne sa physionomie spécifique et exercent une influence profonde sur la structure caractérielle de l'homme contemporain. Au fur et à mesure que le capitalisme se développe, le processus de centralisation et de concentration du capital va en s'amplifiant. Les grandes entreprises n'ont cessé d'augmenter de volume, les plus petites sont étouffées. La propriété du capital investi se sépare de plus en plus de la fonction de direction. Des centaines de milliers d'actionnaires « possèdent » l'entreprise, tandis qu'une bureaucratie directoriale bien payée, mais ne la possédant pas, se trouve à sa tête. Cette bureaucratie vise moins à réaliser un maximum de profits qu'à étendre l'entreprise et ses propres pouvoirs. Parallèlement à la concentration croissante du capital et à l'émergence d'une bureaucratie directoriale, le mouvement ouvrier prend de l'extension. Groupés en syndicats, les travailleurs en tant qu'entités individuelles n'ont plus à négocier par eux-mêmes et pour eux-mêmes sur le marché du travail ; ils forment de vastes coalitions, également dirigées par une bureaucratie puissante qui les représente devant les magnats de l'industrie. Ainsi donc, pour le meilleur et pour le pire, l'initiative est passée de l'individu à la bureaucratie, tant sur le plan du capital que sur celui du travail. Une foule grandissante de gens perdent leur autonomie et tombent sous la dépendance de ceux qui dirigent les grands empires économiques.

De la concentration des capitaux résulte un autre trait saillant du capitalisme moderne : la forme particulière que revêt l'organisation du travail. Dans les entreprises fortement centralisées, la division absolue du travail a pour effet d'anéantir l'individualité du travailleur, d'en faire le rouage d'une machine.

Le capitalisme moderne a besoin d'hommes qui coopèrent uniment et en grand nombre, qui veulent consommer toujours davantage, et dont les goûts sont standardisés, facilement modelables et prévisibles. D'hommes qui, tout en ayant le sentiment de rester libres et autonomes, de n'être soumis à aucune autorité, règle ou contrainte intérieure, acceptent cependant d'être commandés, d'exécuter ce que l'on attend d'eux, de s'insérer sans frictions dans la machine sociale. D'hommes que l'on peut diriger sans violence, conduire sans chefs, mouvoir sans but, sinon celui de tenir sa place, d'être en mouvement, de fonctionner, de continuer d'avancer.

Conséquences : l'homme-marchandise

Qu'en résulte-t-il ? L'homme moderne a perdu contact avec lui-même, avec autrui et avec la nature. Transformé en marchandise, il éprouve ses forces vitales comme un investissement dont il doit tirer le maximum de profit possible en rapport avec les conditions du marché. Les rapports humains sont essentiellement des rapports entre automates aliénés, chacun assurant sa sécurité en s'efforçant de rester proche de la foule et de ne pas s'en distinguer en pensée, sentiment ou action. Dès lors, chacun reste absolument seul, en proie à l'insécurité, l'angoisse et la culpabilité, tous sentiments inéluctables lorsqu'on ne parvient pas à surmonter la solitude humaine. Pour aider les gens à rester consciemment inconscients de cette solitude, notre civilisation offre de nombreux palliatifs : en premier lieu, la routine stricte du travail mécanique, bureaucratisé, qui noie dans l'inconscience les désirs humains les plus fondamentaux, le désir nostalgique de transcendance et d'unité. Dans la mesure où la routine du travail n'y réussit pas à elle seule, l'homme surmonte son désespoir inconscient par la routine de l'amusement, par la consommation passive des sons et des spectacles qu'offre l'industrie des loisirs ; à quoi s'ajoute la satisfaction d'acheter des choses toujours nouvelles et de bientôt les échanger pour d'autres. L'homme moderne n'est pas loin de ressembler au portrait que Huxley a tracé dans son *Brave New World* : bien nourri, bien vêtu, sexuellement satisfait, mais dépourvu de soi, sans autre contact avec autrui que superficiel, guidé par des slogans tels que : « Lorsque l'individu prend conscience, la communauté chancelle » ; ou « Ne remettez jamais au lendemain le plaisir que vous pouvez goûter le jour même », ou encore, suprême affirmation : « Tout le monde est heureux de nos jours ». L'homme cherche aujourd'hui son bonheur dans le « divertissement ». Il prend plaisir à consommer et à « ingurgiter » des marchandises, spectacles, nourritures, boissons, cigarettes, gens, conférences, livres, films – il avale tout. Le monde est un grand objet de convoitise pour notre appétit, une gigantesque pomme, une énorme bouteille, un sein opulent ; nous dévorons, toujours à l'affût, remplis d'espoir, et partant, nous sommes d'éternels déçus. Notre caractère est engrené sur l'échange et le troc, l'acquisition et la consommation, tout étant passible de ce sort, tant les objets spirituels que matériels.

L'amour comme relation d'équipe

Le statut de l'amour reflète inévitablement cette grégarité de l'homme moderne. Des automates sont incapables d'aimer ; ils ne savent qu'échanger leur « paquet de personnalité » en espérant conclure un marché équitable. Une des expressions les plus significatives de l'amour, et notamment du mariage sous sa forme aliénée, est l'idée d'« équipe ». Dans nombre d'articles qui traitent du bonheur dans le mariage, l'idéal préconisé est celui d'une équipe fonctionnant sans heurts. Ce qui est à rapprocher de ce que nous disions de l'employé : on attend de lui qu'il fonctionne uniment, qu'il soit « indépendant dans les limites du raisonnable », coopératif, tolérant, en même temps qu'ambitieux et agressif. Ainsi, déclare le conseiller matrimonial, le mari doit « comprendre » sa femme et l'assister. La complimenter sur sa nouvelle robe, sur tel plat succulent. Et elle, en retour, doit se montrer compréhensive lorsqu'il rentre fatigué et contrarié, l'écouter attentivement lorsqu'il lui parle de ses ennuis professionnels, ne pas lui faire grief mais être indulgente s'il oublie son anniversaire. En fin de compte, ce genre de relation se ramène à ceci : des rapports bien « huilés » entre deux personnes qui restent étrangères l'une à l'autre durant toute la vie et ne parviennent jamais à une « relation centrale », mais se traitent avec courtoisie et tâchent de s'apporter un mutuel réconfort.

Dans cette perspective, il s'agit avant tout de trouver un refuge pour se soustraire à la sensation insupportable d'isolement. L'« amour », voilà enfin le havre dont on rêvait ! Deux personnes s'allient contre le monde, et cet égoïsme à deux est pris – erreur ! – pour de l'amour et de l'intimité.

Primat de la technique sexuelle

L'insistance sur l'esprit d'équipe, sur la tolérance et le reste, est d'origine assez récente. Avant cela, et nous nous référons aux années qui suivirent la première guerre mondiale, régnait une conception d'un tout autre ordre : des rapports sexuels gratifiants, supposait-on, sont la condition indispensable pour être heureux en amour, et notamment en mariage. Si tant de couples sont insatisfaits, il faut en chercher la raison dans le fait que les partenaires, mal informés sur le comportement sexuel correct et donc malhabiles dans leur technique, n'ont pas réussi à « s'accorder sexuellement ». Pour pallier cette déficience et aider les couples malheureux dans leur quête de l'amour, une littérature abondante se mit à prodiguer indications et conseils sur le comportement sexuel correct, avec la promesse implicite ou explicite que le bonheur et l'amour s'ensuivraient. Sous-jacente était l'idée que le plaisir sexuel engendre l'amour et que deux individus arriveront à s'aimer s'ils apprennent à se satisfaire mutuellement sur le plan sexuel. Tout ceci rentre bien dans l'illusion générale de l'époque : pour résoudre non seulement les problèmes de production industrielle, mais aussi tous les problèmes humains, il suffirait d'utiliser des techniques adéquates. On ne se rendait nullement compte que la vérité se situe aux antipodes de l'hypothèse sous-jacente.

Loin que l'amour résulte de rapports sexuels gratifiants, c'est le bonheur sexuel – et même la connaissance de la prétendue technique sexuelle – qui résulte de l'amour. S'il était besoin de donner à cette thèse une autre preuve que l'observation quotidienne, les données abondantes de la psychanalyse seraient là pour la fournir. Comme le révèle l'analyse, la cause des problèmes sexuels les plus fréquents – la frigidité chez la femme et les formes plus ou moins sévères d'impuissance psychique chez l'homme – ne réside pas dans l'ignorance de la technique correcte, mais dans les inhibitions qui rendent l'amour impossible. La peur ou la haine de l'autre sexe sont à la base des difficultés qui empêchent une personne de se livrer complètement, d'agir avec spontanéité, de s'abandonner au partenaire sexuel dans une intimité physique immédiate et sans distance. Si une personne sexuellement inhibée réussit à s'affranchir de la peur ou de la haine, et devient donc capable d'amour, ses problèmes sexuels sont résolus. Dans le cas contraire, aucune somme de connaissances sur les techniques sexuelles ne sera d'une quelconque utilité.

Réduction de l'amour à la sexualité chez Freud

Mais reconnaissons-le, alors que les données de la pratique psychanalytique s'inscrivent en faux contre l'idée que la possession d'une technique correcte mène au bonheur sexuel et à l'amour, les théories freudiennes, par contre, ne furent pas sans influer sur l'hypothèse sous-jacente d'une concomitance entre l'amour et la satisfaction sexuelle réciproque. Pour Freud, l'amour était fondamentalement un phénomène sexuel. « L'homme ayant découvert par expérience que l'amour sexuel (génital) lui offrait la plus haute gratification au point de devenir pour lui le prototype de tout bonheur, il a été naturellement enclin à rechercher son bonheur en s'engageant plus avant dans cette voie, en faisant de l'érotisme génital le centre de sa vie » [2]. L'expérience de l'amour fraternel procéderait également du désir sexuel, mais avec ceci de particulier que l'instinct sexuel se transforme ici en une pulsion dont le but est inhibé. « A l'origine, l'amour avec inhibition du but était certainement imprégné d'amour sensuel, et il en est encore ainsi dans l'inconscient de l'homme » [3]. Quant au sentiment de fusion, d'unicité (« sentiment océanique »), qui constitue l'essence de l'expérience mystique et la racine du plus intense sentiment d'union avec une autre personne ou avec ses semblables, Freud l'a interprété comme un phénomène pathologique, comme une régression à l'état originel de « narcissisme illimité » [4].

Ne faisant que poursuivre sur sa lancée, Freud en vint à concevoir l'amour comme étant en lui-même un phénomène irrationnel. Pour lui, il n'existe pas de différence entre l'amour irrationnel et l'amour en tant qu'expression d'une personnalité mûre. Dans un article sur l'amour de transfert [5], il souligne que ce dernier ne diffère pas essentiellement du phénomène « normal » de l'amour. Tomber amoureux frise toujours l'anormal, s'accompagne toujours de cécité au réel, de compulsion, et constitue un transfert à partir des objets d'amour de l'enfance. Dès lors, n'ayant pas d'existence réelle,

2 S. Freud, *Civilization and Its Discontents,* traction anglaise par J. Rivère, The Hogarth Press, Ltd., 1953, p. 69.

3 *Ibid.,* p. 69.

4 *Ibid.,* p. 21.

5 S. Freud, *Gesamte Werke,* London, 1940-52, Vol X.

l'amour comme phénomène rationnel, comme ach[illegible]ment suprême de la maturité, n'était pas pour Freud matière à investigation.

Cependant, ce serait une erreur de surestimer l'influence des théories freudiennes sur l'idée que l'amour résulte de l'attirance sexuelle, ou plutôt qu'il n'est *rien d'autre* que la satisfaction sexuelle, réfléchie en un sentiment conscient. La chaîne causale procède essentiellement en sens inverse. Les théories de Freud furent en partie influencées par l'esprit du dix-neuvième siècle ; en partie aussi, elles durent leur popularité à la mentalité qui s'imposa après la première guerre mondiale. Parmi les facteurs qui influencèrent à la fois les conceptions populaires et les conceptions freudiennes, relevons, tout d'abord, la réaction contre la moralité stricte de l'époque victorienne. Un second facteur qui a marqué les théories freudiennes, c'est l'image dominante de l'homme, fondée sur la structure du capitalisme. Pour prouver que le capitalisme correspondait aux besoins naturels de l'homme, il fallait montrer que l'homme était par nature compétitif et rempli d'hostilité envers autrui. Les économistes le « prouvèrent » en invoquant un insatiable désir de gain, et les darwiniens en énonçant la loi biologique de la survie du plus adapté. Pour sa part, Freud aboutit au même résultat en avançant l'hypothèse que l'homme est poussé par un désir sans limites, le désir de conquérir sexuellement toutes les femmes, et que seule la pression de la société l'en empêche. Il en résulte que les hommes sont fatalement jaloux les uns des autres : jalousie et rivalité qui persisteraient même en supposant que disparaissent leurs raisons sociales et économiques [6].

---

6 Le seul élève de Freud qui jamais ne s'est séparé du maître, mais qui pourtant, à la fin de sa vie, remania sa conception de l'amour, ce fut Sandor Ferenczi. On trouvera une excellente discussion de ce sujet dans *The Leaven of Love* par Izette de Forest, Harper & Brothers, New York, 1954.

En fin de compte, la pensée de Freud a hérité du matérialisme scientiste qui régnait au dix-neuvième siècle. On croyait alors que le substratum de tous les phénomènes mentaux était à découvrir dans les phénomènes physiologiques ; partant, Freud conçut l'amour, la haine, l'ambition, la jalousie comme autant de dérivés de l'instinct sexuel sous ses diverses formes. Il ne vit pas que la réalité humaine fondamentale résidait dans la totalité de l'existence humaine : premièrement, dans la situation commune à tous les hommes, et deuxièmement dans la pratique de la vie telle qu'elle est déterminée par la structure spécifique de la société (de ce point de vue, le « matérialisme historique » de Marx constitue un progrès décisif sur le matérialisme du dix-neuvième siècle, car la clé qu'il met en oeuvre pour comprendre l'homme, ce n'est plus le corps, ni un instinct tel que le besoin de nourriture ou de possession, mais le procès de l'existence totale de l'homme, sa « pratique de la vie »). D'après Freud, la satisfaction plénière et non inhibée de tous les désirs instinctuels engendrerait la santé mentale et le bonheur. En vérité, les données cliniques révèlent avec évidence que les hommes, et les femmes, qui consacrent leur vie à satisfaire sans restriction leur appétit sexuel, n'atteignent pas le bonheur et très souvent souffrent de graves conflits ou symptômes névrotiques. Non seulement la satisfaction plénière de tous les besoins instinctuels ne fonde pas le bonheur, mais elle n'offre même pas une garantie de santé. Il est à remarquer que, si les idées freudiennes ont acquis tant de popularité après la première guerre mondiale, c'est à la faveur des changements qui se produisirent dans l'esprit du capitalisme : l'accent fut mis non plus sur l'épargne, mais sur la dépense ; non plus sur la frustration de soi comme moyen de réussite économique, mais sur la consommation en tant que facteur de continuel élargissement du marché et principale source de satisfaction pour l'individu angoissé, automatisé. Ne différer la satisfaction d'aucun désir devint la tendance prévalente dans la sphère de la sexualité aussi bien que dans celle de toute consommation matérielle.

Il est intéressant de comparer les conceptions freudiennes, qui correspondent à l'esprit du capitalisme tel qu'il existait, encore inentamé, vers le début de ce siècle, avec les conceptions théoriques d'un des plus brillants psychanalystes contemporains, feu H. S. Sullivan. Ce dernier, contrairement à Freud, fait une stricte distinction entre la sexualité et l'amour.

Sullivan et l'égoïsme à deux

Que signifient l'amour et l'intimité dans la conception de Sullivan ? « Parmi les situations impliquant deux personnes, l'intimité a ceci de spécifique qu'elle permet la validation de tout ce qui constitue la valeur personnelle. La validation de la valeur personnelle requiert un type de relation que j'appelle collaboration, et j'entends par là les ajustements clairement formulés du comportement de l'un aux besoins exprimés par l'autre dans la poursuite de satisfactions de plus en plus identiques, c'est-à-dire devenant quasi mutuelles, et dans le maintien d'opérations de sécurité de plus en plus similaires » [7]. Cette affirmation de Sullivan, abstraction faite de son style quelque peu contourné, signifie que l'essence de l'amour réside dans une situation de colla-

---

7 H.S. Sullivan, *The Interpersonal Theory of Psychatry,* W. W. Norton Co., New York, 1953, p. 246. Tout en visant par cette définition les dynamismes de la pré-adolescence, Sullivan en parle comme de tendances intégrantes « que nous appelons amour lorsqu'elles sont tout à fait développées », et il ajoute que cet amour dans la pré-adolescence « représente le début de quelque chose de très semblable à *l'amour* pleinement épanoui, défini en termes psychiatriques ».

boration où deux personnes éprouvent ceci : « Nous jouons suivant les règles du jeu pour préserver notre prestige ainsi que notre sentiment de supériorité et de mérite »[8].

Tout comme la conception freudienne de l'amour traduit l'expérience du mâle patriarcal en termes du capitalisme du dix-neuvième siècle, la description de Sullivan se réfère à l'expérience de la personnalité aliénée, mercantile, du vingtième siècle. C'est la description d'un « égoïsme à deux », de deux personnes qui rassemblent leurs intérêts communs et se dressent ensemble contre un monde hostile et aliéné. Incontestablement, sa définition de l'intimité peut en principe s'appliquer au sentiment de n'importe quelle équipe co-opérative, dans laquelle chacun « ajuste son comportement aux besoins exprimés de l'autre dans la poursuite de buts communs » (il est significatif que Sullivan parle ici de besoins *exprimés,* alors que le moins qu'on puisse dire de l'amour est qu'il implique une réaction aux besoins *inexprimés* entre deux personnes).

L'amour en tant que satisfaction sexuelle réciproque, de même que l'amour en tant que « travail d'équipe » et refuge contre la solitude, représentent les deux formes « normales » de la désintégration de l'amour dans la société occidentale contemporaine, la pathologie socialement modelée de l'amour. Il y a beaucoup de formes individualisées de la pathologie de l'amour, qui entraînent une souffrance consciente et sont considérées comme névrotiques par les psychiatres et aussi par un nombre croissant de profanes. Nous illustrerons brièvement quelques unes des plus répandues.

---

8 *Ibid,* p. 246. Sullivan déclare encore que l'amour commence lorsqu'une personne éprouve les besoins d'une autre comme aussi importants que les siens : définition moins entachée d'esprit mercantile que la formulation précédente.

Formes d'amour névrotiques d'origine familiale

L'amour névrotique apparaît fondamentalement lié au fait que l'un des « amoureux », ou les deux, est resté accroché à une figure parentale et qu'alors, devenu adulte, il transfère sur la personne aimée les craintes, attentes et sentiments qu'il avait nourris jadis envers son père ou sa mère ; autrement dit, ne s'étant pas libéré d'un modèle de relation infantile, il continue à rechercher ce modèle dans les demandes affectives de sa vie adulte. En un tel cas, la personne est restée, sur le plan affectif, un enfant de deux, de cinq ou de douze ans, alors qu'intellectuellement et socialement elle se situe au niveau de son âge chronologique. Dans les cas plus sévères, cette immaturité affective retentit sur l'efficacité sociale ; dans les cas plus bénins, le conflit se limite à la sphère des relations personnelles intimes.

Première forme de relation amoureuse névrotique : on la rencontre chez les hommes qui, dans leur développement émotionnel, sont restés ancrés dans un attachement infantile à la mère. Tout se passe comme s'ils n'avaient jamais été sevrés. Les sentiments qui les animent portent encore la marque de l'enfance ; ils désirent la protection, l'amour, la chaleur, la sollicitude et l'admiration de la mère ; ils désirent son amour inconditionnel, un amour qui leur soit donné pour la seule raison qu'ils en ont besoin, qu'ils sont l'enfant de maman, qu'ils sont démunis. D'ordinaire, ils se montrent extrêmement affectueux et charmants lorsqu'ils essaient de susciter l'amour d'une femme, et même lorsqu'ils y ont réussi. Mais leur relation à la femme (comme, d'ailleurs, à tous les autres gens) manque de profondeur et de sérieux. Leur but est d'être aimé, non d'aimer. Il y a chez eux, en général, une bonne part de vanité, des idées de grandeur plus ou moins dissimulées. S'ils découvrent la femme de leur rêve, ils se sentent en sécurité, au sommet du monde, et savent déployer pas mal d'affection de charme, ce qui explique les illusions qu'on se fait souvent à leur sujet. Mais, quand après quelque temps la femme ne se maintient pas à la hauteur de leurs attentes fantasmatiques, des conflits éclatent, le ressentiment s'accumule. Si la femme n'est pas sans cesse en train de les admirer, si elle revendique une vie qui lui soit propre, si elle aussi désire être aimée et protégée, et dans les cas extrêmes, si elle n'est pas disposée à pardonner leurs aventures amoureuses (ou fût-ce leur attention admirative à l'égard d'autres femmes), ils se sentent profondément blessés et déçus, et d'habitude ils rationalisent ce sentiment par l'idée que leur femme « ne les aime pas, est égoïste, ou autoritaire ». Tout ce qui s'écarte de l'attitude d'une mère aimante vis-à-vis d'un enfant charmant est pris comme preuve d'un manque d'amour. Ces hommes tendent à confondre leur comportement affectueux, leur volonté de plaire, avec l'amour authentique, et dès lors ils en viennent à conclure qu'ils sont traités avec la plus noire injustice ; s'imaginant qu'ils sont de grands amoureux, ils se plaignent amèrement de l'ingratitude de leur partenaire.

Dans quelques cas assez rares, un homme ainsi centré sur la mère peut fonctionner sans trouble grave. En l'occurence, si la mère a eu pour lui un « amour » surprotecteur (en se montrant peut-être autoritaire, mais non destructrice), s'il trouve une épouse du même type que sa mère, si ses dons et talents particuliers lui permettent d'user de son charme et d'être admiré (que l'on songe à certains politiciens brillants), il sera « bien adapté » sur le plan social, tout en n'atteignant jamais un niveau plus élevé de maturité. Mais dans des conditions moins propices – et naturellement plus fréquentes –, sa vie amoureuse, sinon sa vie sociale, essuiera bien des déboires ; en outre, que ce genre de personnalité soit laissé à lui-même, et l'on voit aussitôt poindre des conflits, souvent même des états d'intense angoisse et de dépression.

Il arrive que la fixation à la mère soit encore plus profonde et plus irrationnelle. A ce niveau, le désir n'est pas, symboliquement parlant, de retourner aux bras protecteurs de la mère ou à son sein nourricier, mais à ses entrailles tout absorbantes – et toutes destructrices. Si le propre de la santé mentale est de s'extraire des entrailles pour croître dans le monde, le propre de la maladie grave est d'être attiré par les entrailles, de s'y engloutir de nouveau – en somme, de se retirer de la vie. Ce type de fixation se produit habituellement lorsque les mères entretiennent elles-mêmes avec leurs enfants des rapports d'absorption-destruction. Parfois au nom de l'amour, parfois du devoir, elles veulent enclore l'enfant, l'adolescent, l'homme ; leur désir, c'est qu'il ne soit pas capable de respirer, sinon à travers elles ; qu'il ne soit pas capable d'aimer, sinon à un niveau sexuel superficiel, dans la dégradation de toutes les autres femmes ; qu'il ne soit pas capable de se poser en sujet libre et autonome, mais en éternel infirme ou en criminel.

Ce côté destructeur, engloutissant, de la mère constitue le pôle négatif de la figure maternelle. Dispensatrice de vie, la mère est aussi maîtresse de la mort. Elle est celle qui ressuscite et celle qui détruit ; elle sait faire des miracles d'amour et personne autant qu'elle ne sait blesser davantage. Dans les représentations religieuses (telle que la déesse hindoue Kali) et dans le symbolisme du rêve, ces deux aspects antinomiques se retrouvent souvent.

Autre forme de pathologie névrotique : quand l'attachement principal reste focalisé sur le père.

Soit une mère froide et distante, tandis que le père (en partie par réaction contre la froideur de sa femme) concentre sur son fils toute son affection et son intérêt. C'est un « bon père », mais en même temps autoritaire. Chaque fois qu'il est satisfait de la conduite de son fils, il le félicite, le récompense, se montre chaleureux ; mais sitôt qu'il est déçu par lui, il se rétracte, ou le gronde. Le fils, qui ne reçoit d'autre affection que celle lui venant du père, s'attache à ce dernier d'une façon servile. Le but majeur de son existence est de plaire à son père – et lorsqu'il y arrive, il se sent heureux et plein d'assurance. Par contre, lorsqu'il commet une faute, subit un échec ou ne réussit pas à plaire à son père, il se sent dégonflé, non aimé, rejeté. A un âge plus avancé, il essaiera de trouver une figure paternelle à laquelle il puisse s'attacher de la même façon. Toute sa vie devient une suite de hauts et de bas selon qu'il parvient ou non à gagner l'estime du père. Des hommes de ce genre s'engagent souvent avec succès dans des carrières sociales. Ils sont consciencieux, dignes de confiance, ardents – pourvu que celui qui fait figure de père élu sache comment se les concilier. Mais dans leur relation aux femmes, ils restent distants et réservés. Plutôt que de leur reconnaître une signification centrale, ils leur témoignent habituellement un léger mépris, souvent masqué par cette sorte de sollicitude paternelle que l'on éprouve pour une petite fille. Au début, par leur côté masculin, ils peuvent impressionner l'autre sexe, mais ils apparaissent de plus en plus décevants aux yeux de la femme qu'ils épousent lorsque celle-ci vient à découvrir qu'elle est destinée à jouer un rôle marginal, la figure paternelle continuant à cristalliser l'affection de leur mari. A moins que, par coïncidence, cette femme entretienne elle-même une fixation à son père et trouve ainsi son bonheur auprès d'un mari qui la traite en enfant capricieux.

Il existe une forme plus complexe d'amour névrotique qui se réfère à un tout autre type de situation parentale :

en l'occurrence, lorsque les parents ne s'aiment pas, mais se contiennent trop pour se quereller ou pour manifester un signe quelconque d'insatisfaction. En contrepartie, leur position défensive bloque toute relation spontanée avec leurs enfants. Dans ce cas, ce que ressent par exemple une fillette, c'est une atmosphère empreinte de « correction », mais n'autorisant jamais un contact intime avec le père ou avec la mère, ce qui la plonge dans le désarroi et la peur. Jamais elle n'est assurée de ce que sentent ou pensent les parents. Il subsiste toujours une dimension d'inconnu, un élément mystérieux, dans l'atmosphère. Finalement, la fillette se retire dans un monde qu'elle se crée de toutes pièces, elle rêvasse, se tient à l'écart : attitude qu'elle entretient plus tard dans ses relations amoureuses.

En outre, ce repli entraîne une angoisse violente, le sentiment de ne pas être fermement implanté dans le monde, et débouche sur le masochisme comme seule possibilité de vivre une intense excitation. Ces femmes préféreraient encore que leur mari, plutôt que d'afficher un comportement normal et raisonnable, fasse une scène et se déchaîne, ce qui au moins les délivrerait de leur poids de tension et de peur ; d'ailleurs, il n'est pas rare qu'elles-mêmes provoquent inconsciemment une telle explosion afin de rompre le suspense torturant de la neutralité affective.

Autres formes pathologiques de l'amour

D'autres formes d'amour irrationnel se rencontrent fréquemment : nous allons les décrire, mais sans entrer dans le détail des facteurs spécifiques du développement qui sont à leur origine.

Une forme de pseudo-amour, vécue souvent (et plus souvent décrite dans les films et romans) comme étant le « grand amour », c'est l'*amour idolâtre*. Si une personne n'a pas conquis un sens de l'identité, du moi, enraciné dans le déploiement productif de ses virtualités propres, elle tend à idolâtrer l'objet de son amour. Elle se démet de ses pouvoirs et les projette dans l'aimé, qu'elle adore comme le *summum bonum,* porteur de tout amour, de toute lumière, de toute béatitude. Dans cette démarche, elle se vide elle-même de toute consistance, se perd dans l'aimé au lieu de se trouver. Mais comme nul ne peut, à la longue, se tenir à la hauteur des attentes de son adorateur idolâtre, la déception survient tôt ou tard, si bien qu'à titre de remède une nouvelle idole est recherchée, parfois dans un cercle sans fin. Ce qui caractérise l'amour idolâtre, c'est, à ses débuts, l'intensité et la soudaineté de l'expérience amoureuse. Souvent décrit comme le grand, le véritable amour, dont il est censé dépeindre l'intensité et la profondeur, il ne démontre en fait que la faim et le désespoir de l'adorateur. Inutile de dire qu'il n'est pas rare que les deux personnes se vouent un culte mutuel, offrant parfois, dans les cas extrêmes, l'image d'une *folie à deux* [x].

Il existe une autre forme de pseudo-amour que nous appellerons *amour sentimental.* Son essence réside dans le fait qu'il n'est vécu qu'en fantasmes, et non dans le ici-et-maintenant d'une relation à une autre personne réelle. Nous en apercevons l'expression la plus répandue dans la satisfaction amoureuse par procuration qu'expérimente le consommateur de films, de romans-feuilletons et de chansons d'amour. Tous les désirs inassouvis d'amour, d'union et d'intimité trouvent à se satisfaire dans la consommation de ces produits. Des époux qui, dans leur vie conjugale, sont incapables de jamais percer

x En français dans le texte.

le mur de leur isolement respectif, sont bouleversés jusqu'aux larmes lorsqu'ils assistent à une histoire d'amour, heureuse ou malheureuse, projetée sur l'écran. Pour bien des couples, voir ces histoires sur l'écran est la seule occasion de faire l'expérience de l'amour, non dans la réciprocité, mais ensemble, comme spectateurs de l'« amour » des autres. Aussi longtemps que l'amour est rêverie, ils savent participer, mais dès qu'au rêve se substitue la réalité d'une relation entre deux personnes réelles, ils sont gelés.

Un autre aspect de l'amour sentimental est l'abstraction qu'il opère sur le plan temporel. Un couple peut être profondément ému par l'évocation de son amour passé, alors qu'il ne ressentait aucun amour lorsque ce passé était présent, – ou par les fantasmes de son amour futur. Combien de fiancés et de jeunes mariés ne rêvent-ils pas de la béatitude que l'amour leur apportera dans le futur, alors qu'au moment même où ils vivent ils commencent déjà à se lasser l'un de l'autre ? Cette tendance coïncide avec une attitude générale de l'homme moderne. Il vit dans le passé ou dans le futur, mais non dans le présent. Ou bien il se souvient sentimentalement de son enfance et de sa mère, ou bien il échafaude des plans de bonheur pour l'avenir. Que l'amour soit vécu par procuration en participant aux expériences fictives d'autrui, ou qu'il soit décentré du présent vers le passé ou le futur, cette forme d'amour abstraite et aliénée fait fonction d'opium qui atténue la dureté du réel, la solitude et la séparation.

Une autre forme d'amour névrotique se caractérise par le recours à des *mécanismes projectifs* dans le but d'éviter ses propres problèmes, toute l'attention se concentrant sur les imperfections et les faiblesses de la personne « aimée ». Les individus tendent à se comporter à cet égard comme le font les groupes, les nations et les religions. Ils apprécient avec subtilité les plus menus défauts de leur partenaire, et vont de l'avant, dans l'euphorie, en méconnaissant les leurs – toujours en train de vouloir accuser l'autre ou de le réformer. Si les deux conjoints agissent de la sorte – comme c'est souvent le cas –, la relation amoureuse se transforme en une relation de projection mutuelle. Si je suis autoritaire, indécis ou cupide, j'en accuse mon partenaire, et suivant mon caractère, je me mettrai en tête de le guérir ou de le punir. L'autre agit de même – et tous deux réussissent ainsi à ignorer leurs problèmes respectifs, sans dès lors avancer jamais d'un pas dans la voie de leur propre développement.

Il arrive aussi que les enfants deviennent le lieu où le couple parental projette ses problèmes personnels. Tout d'abord, dans le désir même d'avoir des enfants, nous trouvons fréquemment une projection de ce genre. Tel est le cas lorsqu'une personne pense ne pas avoir été capable de conférer un sens à sa vie et se propose alors de le réaliser à travers l'existence de ses enfants. Mais pareille tentative débouche inévitablement sur l'échec : échec pour soi *et* pour les enfants. D'une part, parce que le problème de l'existence ne peut être résolu par chacun que pour lui-même, et non par procuration ; d'autre part, parce que manquent les qualités nécessaires pour guider les enfants dans leur propre quête d'une réponse. Les enfants servent également à des buts projectifs quand la question se pose de dissoudre un mariage malheureux. L'argument habituel des parents dans une telle situation est qu'ils ne peuvent se séparer pour ne pas priver les enfants des bénédictions d'un foyer uni. En fait, toute étude sérieuse montrerait que l'atmosphère de tension et de malheur à l'intérieur de la « famille unie » fait plus de tort aux enfants qu'une rupture franche – qui leur apprendrait au moins que l'homme est capable de mettre fin à une situation intolérable par une décision courageuse.

Une autre erreur fréquente est de s'imaginer que l'amour est nécessairement synonyme d'absence de conflits, tout comme on a coutume de croire qu'il faut éviter la souffrance en toutes circonstances. Pour soutenir ce point de vue, on invoque le fait que les luttes autour de soi sont seulement des interactions destructrices qui n'apportent rien de bon à ceux qui s'y trouvent impliqués. Mais la raison en est que la plupart des conflits ne sont autres que des tentatives pour éviter les conflits *réels*. Il s'agit de désaccords sur des affaires mineures ou superficielles qui, par leur nature même, ne prêtent pas à une clarification ou à une solution. Les conflits réels entre deux personnes, j'entends ceux qui ne servent pas à dissimuler ou à projeter, mais qui sont vécus au niveau profond de réalité interne à laquelle ils appartiennent, ne sont pas destructeurs. Ils donnent lieu à une clairification, ils produisent une *catharis* dont les deux personnes émergent avec plus de connaissance et de force. Ceci nous amène à revenir sur ce que nous avons dit précédemment.

L'amour n'est possible que si deux personnes communiquent entre elles à partir du centre de leur existence, ce qui implique que chacune se perçoive à partir de ce centre. C'est dans cette « expérience centrale », et seulement en elle, que se situent la réalité humaine, la vitalité, le fondement de l'amour. Vécu de cette façon, l'amour est un défi constant ; il n'est pas un lieu de repos, mais un mouvement, une croissance, un travail réalisé en commun. Qu'il y ait harmonie ou conflit, joie ou tristesse, c'est secondaire par rapport au fait fondamental que deux personnes se rejoignent à partir des profondeurs de leur existence, qu'elles ne font qu'un l'une avec l'autre en ne faisant qu'un avec elles-mêmes, sans fuir leur propre réalité. Il n'y a qu'une seule preuve de la présence de l'amour : la profondeur de la relation, la rivalité et la force de chaque partenaire. C'est à ce fruit qu'on reconnaît l'amour.

Désintégration de l'amour de Dieu

Pas plus qu'ils ne sont capables de s'aimer, des automates ne sont capables d'aimer Dieu. La *désintégration de l'amour de Dieu* a atteint la même ampleur que la désintégration de l'amour de l'homme. Ce fait est en contradiction flagrante avec l'opinion que nous sommes actuellement témoins d'une renaissance religieuse. A vrai dire, ce que nous constatons (à quelques exceptions près), c'est une régression à une conception idolâtre de Dieu, une transformation de l'amour de Dieu en une relation s'accommodant d'une structure de caractère aliénée. Cette régression à une conception idolâtre de Dieu est facile à déceler. Les hommes sont angoissés, sans principes et sans foi, sans autre but que de se mouvoir en avant : ils restent d'éternels enfants, qui toujours comptent sur l'aide de leur père et mère.

Certes, dans les cultures religieuses, et je songe notamment à celle du Moyen-Age, l'individu moyen concevait également Dieu comme un père ou comme une mère secourable. Mais en même temps, il prenait Dieu au sérieux : le but suprême de son existence était de vivre suivant les principes divins, et il faisait du « salut » la préoccupation ultime à laquelle il subordonnait toutes ses autres activités. Aujourd'hui, il n'y a pas l'ombre d'un tel effort. La vie quotidienne est strictement séparée de toute valeur religieuse. Elle est vouée à la recherche du confort matériel et du succès sur le marché de la personnalité. L'indifférence et l'égoïsme (auquel on donne souvent l'étiquette d'« individualisme » ou d'« initiative individuelle ») sont les principes qui commandent nos efforts profanes. L'homme des cultures religieuses est comparable à un enfant de huit ans qui a besoin de l'assistance de son père, mais qui commence néanmoins à en intégrer les enseignements et les principes dans sa vie. L'homme contemporain ressemble plutôt à un enfant de trois ans, qui réclame son père lorsqu'il en a besoin, et qui, pour le reste, se suffit entièrement à lui-même lorsqu'il peut jouer.

Cette dépendance infantile à l'égard d'une image anthropomorphique de Dieu, sans transformation de notre existence d'après les principes divins, nous rend plus proches d'une tribu idolâtre que de la culture religieuse du Moyen-Age. Par ailleurs, notre situation religieuse présente des traits nouveaux, caractéristiques de la société capitaliste occidentale contemporaine. Je me référerai ici à ce que j'ai déjà affirmé précédemment. L'homme moderne s'est constitué en marchandise ; il expérimente son énergie vitale comme un investissement dont il doit tirer le maximum de profit, compte tenu de sa cote sur le marché de la personnalité. Aliéné en lui-même, il l'est également vis-à-vis de ses semblables et de la nature. Son but principal est d'échanger avantageusement ses habiletés, ses connaissances et toute sa personne, bref son « paquet de personnalité », avec d'autres amateurs, également à l'affût d'un échange équitable et avantageux. La vie n'a d'autre but que de se mouvoir, d'autre principe que l'échange équitable, d'autre satisfaction que de consommer.

Que signifie encore le concept de Dieu dans ces circonstances ? Il a perdu sa signification religieuse originelle en composant avec la recherche pervertie du succès. Sous des apparences de renouveau religieux, la croyance en Dieu s'est transformée de nos jours en un expédient psychologique pour être mieux armé dans la lutte compétitive.

La religion s'allie avec l'auto-suggestion et avec la psychothérapie pour assister l'homme dans ses affaires. Dans les années vingt, il n'était encore venu à l'esprit de personne d'invoquer Dieu à des fins telles que l'« épanouissement de sa personnalité ». Le best-seller de l'année 1938, *How to Win Friends and Influence People* de Dale Carnegie, se plaçait sur un terrain strictement profane. Le rôle qu'il a joué en son temps est aujourd'hui tenu par le best-seller du Révérend N.V. Peale, *The Power of Positive Thinking*. Dans ce livre religieux, l'auteur ne se demande même pas si notre souci majeur de réussite est conciliable avec l'esprit de la religion monothéiste. Non seulement ce but ultime n'est jamais mis en doute, mais qui plus est, la foi en Dieu et la prière sont recommandées comme des moyens d'augmenter notre aptitude à la réussite.

Tout comme le psychiatre moderne est d'avis qu'un préposé à la vente s'attirera d'autant plus de clientèle qu'il est heureux, de même certains ministres du culte prônent l'amour de Dieu comme un élément de succès. « Associez Dieu à votre vie » signifie faire de Dieu son associé en affaires plutôt que s'unir à Lui dans l'amour, la justice et la vérité. De même que l'on a remplacé l'amour fraternel par une sorte de bienséance impersonnelle, on a fait de Dieu quelque lointain « General Director of Universe, Inc. » ; nous savons qu'il est là, qu'il dirige le spectacle (bien que celui-ci puisse certainement se dérouler sans lui), nous ne le voyons jamais, mais nous reconnaissons son autorité tout en jouant notre rôle.

4
La pratique de l'amour

Ayant envisagé l'art d'aimer sous son aspect théorique, nous sommes maintenant confrontés à un problème beaucoup plus difficile, le problème de la *pratique de l'art d'aimer.* Est-il possible d'apprendre quelque chose sur la pratique d'un art, sinon en le pratiquant ?

La difficulté du problème s'accroît du fait qu'aujourd'hui, la plupart des gens, et donc un grand nombre de mes lecteurs, s'attendent à ce qu'on leur donne des recettes sur la manière de s'y prendre, ce qui signifie dans notre cas qu'on leur apprenne comment aimer. Je crains que celui qui aborderait ce dernier chapitre dans cet esprit ne soit fortement déçu. L'amour est une expérience personnelle qu'il nous appartient de réaliser par nous-mêmes et pour nous-mêmes ; du reste, il n'est quasi personne qui n'ait fait cette expérience sous une forme au moins rudimentaire, que ce soit comme enfant, comme adolescent ou comme adulte. Ce que nous pouvons faire ici, c'est réfléchir sur les prémisses de l'art d'aimer, sur les voies par lesquelles on y accède, ainsi que sur la pratique de ces prémisses et de ces voies. Quant à la marche vers le but, chacun doit l'effectuer pour son propre compte, et notre discussion prendra donc fin avant que le pas décisif ne soit franchi. Je pense toutefois qu'une réflexion sur les cheminements n'est pas sans utilité pour ceux qui veulent acquérir la maîtrise d'un art, du moins s'ils ont renoncé à attendre des « recettes ».

Ce que requiert la pratique de tout art

La pratique de tout art, qu'il s'agisse de la menuiserie, de la médecine ou de l'amour, a des exigences générales. Tout d'abord, la pratique d'un art exige de la *discipline*. Sans ascèse nous n'excellerons en rien ; ce que nous faisons uniquement lorsque nous y sommes disposés peut être un passe-temps agréable ou divertissant, mais nous ne deviendrons jamais des maîtres dans cet art. Encore faut-il préciser que le problème n'est pas seulement de s'imposer une discipline dans la pratique de tel art particulier (en s'y adonnant, par exemple, quelques heures par jour), mais de s'astreindre à la discipline dans l'ensemble de sa vie. On se figurera peut-être que c'est chose facile pour l'homme moderne. Ne passe-t-il pas huit heures par jour, de la façon la plus disciplinée, à un travail qui est strictement de routine ? Le fait est, cependant, que l'homme moderne a excessivement peu de discipline personnelle en dehors de la sphère de son travail. Quand il ne travaille pas, il préfère paresser, se laisser aller ou, pour utiliser un terme plus flatteur, se « relaxer ». Ce réel désir de paresser est dans une large mesure une réaction contre la mécanisation de la vie. Précisément parce que l'homme est contraint huit heures par jour de consacrer son énergie à des projets qui ne sont pas les siens, selon des modalités qui ne sont pas les siennes, mais qui lui sont prescrites par le rythme du travail, il s'insurge, et sa révolte prend la forme d'une indulgence infantile envers lui-même. De plus, en lutte contre l'autoritarisme, il en est arrivé à perdre la foi en toute discipline, tant en celle qui procède d'une autorité irrationnelle qu'en celle qu'il s'impose rationnellement. Sans une telle discipline, cependant, la vie se dérègle, devient chaotique et manque de concentration.

Que la *concentration* est une condition nécessaire à la maîtrise d'un art, il est à peine besoin de le démontrer. Qui a jamais essayé d'apprendre un art le sait. Et pourtant, plus encore que la discipline personnelle, la concentration est rare dans notre culture. Celle-ci, en effet, conduit à un mode de vie dispersé et diffus, dont il serait difficile de trouver un équivalent autre part. Nous faisons plusieurs choses à la fois : lire, écouter la radio, parler, fumer, manger, boire. Nous sommes des consommateurs avides, la bouche ouverte, et prêts à absorber n'importe quoi – images, liqueurs, connaissances. Ce manque de concentration apparaît clairement dans notre difficulté à être seul avec nous-mêmes. Rester tranquillement assis, sans parler, fumer, lire, ni boire, est impossible à la plupart des gens. Ils s'énervent, s'agitent et doivent occuper leur bouche ou leurs mains. (Fumer est un des symptômes de ce manque de concentration : main, bouche, œil et nez sont mis à contribution).

Un troisième facteur est la *patience*. Encore une fois, qui a essayé de maîtriser un art sait combien la patience est indispensable pour réaliser la moindre chose. Si l'on vise un résultat rapide, jamais on n'apprend un art. Et pourtant, pour l'homme moderne, la patience est aussi difficile à pratiquer que la discipline et la concentration. Notre système industriel tout entier s'oriente exactement dans le sens opposé : le sens de la vitesse. Toutes nos machines sont construites en vue de la rapidité : la voiture et l'avion nous portent toujours plus rapidement à destination – et plus ils sont rapides, mieux c'est. La machine qui parvient à produire la même quantité en moitié moins de temps est deux fois meilleure que la lourde et lente machine d'autrefois. Certes, il y a d'importantes raisons économiques à la base. Mais, comme sous tant d'autres aspects, les valeurs humaines sont tombées sous la dépendance des valeurs économiques. Ce qui est bon pour la machine doit être bon pour l'homme : ainsi va la logique. L'homme moderne s'imagine qu'il perd quelque chose – du temps – quand il n'agit pas rapidement ; et pourtant, il ne sait que faire du temps qu'il gagne, sinon le perdre.

Finalement, une condition d'apprentissage de tout art est un *suprême souci* de maîtriser cet art. Si l'art ne revêt pas une importance exceptionnelle, celui qui est novice en la matière ne l'apprendra jamais. Il restera, au mieux, un bon dilettante, mais il ne deviendra jamais un maître. Cette condition est aussi nécessaire à l'art d'aimer qu'à tout autre. Toutefois, il semble bien que, dans l'art d'aimer plus que dans les autres arts, le nombre des dilettantes dépasse le nombre des maîtres.

Une précision supplémentaire s'impose en ce qui concerne les conditions générales d'apprentissage d'un art. On ne se met pas à apprendre un art de but en blanc, mais en quelque sorte indirectement. Il faut apprendre beaucoup d'autres choses, et souvent sans connexion apparente, avant de se lancer dans l'art lui-même. Un apprenti menuisier commence par apprendre à raboter du bois ; l'élève qui s'initie au piano commence par jouer des gammes ; un débutant dans l'art Zen de tirer à l'arc commence par faire des exercices de respiration [1]. Si

1 Pour voir concrètement en quoi la concentration, la discipline, la patience et l'intérêt sont nécessaires à l'apprentissage d'un art, le lecteur peut se reporter à E. Herrigel, *Zen in the Art of Archery,* Pantheon Books, Inc., New York, 1953.

l'on veut devenir un maîtré dans quelque art que ce soit, toute la vie doit lui être consacrée, ou être au moins en rapport avec lui. La personne elle-même devient un instrument dans la pratique de l'art et doit être tenue en parfaite harmonie avec les fonctions spécifiques qu'il lui faut remplir. Pour ce qui est de l'art d'aimer, ceci signifie que quiconque aspire à devenir un maître dans cet art doit commencer par *pratiquer* la discipline, la concentration et la patience dans chaque phase de sa vie.

Pratique de la discipline

Comment pratique-t-on la discipline ? Nos grands-parents auraient été mieux placés pour répondre à cette question. Ils préconisaient un lever matinal, l'abstention de tout confort superflu, un travail acharné. Ce genre de discipline présentait incontestablement des lacunes. Elle était rigide et autoritaire, centrée sur les vertus de frugalité et d'épargne, et à bien des égards elle était hostile à la vie. Mais, par réaction, s'est développée la tendance à suspecter *toute* discipline : le laisser-aller est devenu la contrepartie de la routine qui nous est imposée durant huit heures de travail. Se lever à heure fixe ; consacrer une part régulière de son temps à des activités telles que la méditation, la lecture, l'audition de la musique, la marche ; ne pas s'évader, du moins au-delà d'un certain minimum, dans des distractions telles qu'histoire et films à mystère ; ne pas trop manger ni boire, ce sont là quelques principes évidents et élémentaires. Il est essentiel, cependant, que la discipline ne soit pas pratiquée comme une règle s'imposant du dehors, mais qu'elle devienne une expression de notre volonté propre, qu'elle soit ressentie comme plaisante, et qu'on s'accoutume progressivement à un style de vie dont on finirait par regretter l'absence si on cessait de le mettre en pratique.

C'est un des côtés regrettables de notre conception occidentale de la discipline (comme de chaque vertu) que sa pratique soit considérée quelque peu pénible et ne passe pour « bonne » que dans cette mesure même. L'Orient a reconnu de longue date que ce qui est bon pour l'homme – pour son corps et pour son esprit – doit également être agréable, même s'il faut au début surmonter certaines résistances.

Pratique de la concentration

La concentration est de loin plus difficile à pratiquer dans notre culture, où tout semble s'y opposer. L'étape la plus importante dans l'apprentissage de la concentration est d'apprendre à rester seul avec soi-même, sans lire, sans écouter la radio, sans fumer ni boire. En effet, être capable de se concentrer signifie être capable de rester seul avec soi-même – et cette aptitude est précisément une condition de l'aptitude à aimer. Si je m'attache à une autre personne parce que je ne puis me tenir sur mes jambes, il ou elle est peut-être un sauveteur, mais ce n'est pas une relation d'amour. Paradoxalement, l'aptitude à rester seul est la condition de l'aptitude à aimer. Qui essaie de rester seul avec soi-même découvrira combien c'est difficile. Il commencera par se sentir agité, fébrile, ou même par ressentir une angoisse considérable. Il sera tenté de rationaliser sa répugnance à persévérer dans sa pratique en se persuadant qu'elle n'a aucune valeur, qu'elle est absurde, qu'elle prend trop de temps, etc., etc. Il observera également que toutes sortes de pensées lui viennent à l'esprit et prennent possession de lui. Il se surprendra en train de réfléchir à l'organisation de sa journée, à quelque difficulté dans un travail qui l'attend, à ce qu'il fera de sa soirée, et à bien d'autres choses – plutôt que de laisser son esprit faire le vide en lui-même. Il serait utile de pratiquer quelques exercices très simples tels que, par exemple, se tenir assis dans une position de détente (ni molle ni rigide), fermer les yeux et imaginer un écran blanc, en veillant à écarter toutes les images et pensées qui viendraient interférer ; suivre sa respiration, non point y réfléchir ou la contraindre, mais s'efforcer de la suivre, et ce faisant, de la sentir ; enfin, essayer d'avoir le sentiment de son Je ; Je = moi-même, comme centre de mes forces, comme créateur de mon monde. Il faudrait, au moins, faire ces exercices de concentration chaque matin durant vingt minutes (et si possible plus longtemps) et chaque soir avant de se coucher [2].

Outre de tels exercices, nous devons apprendre à nous concentrer sur chaque chose que nous faisons, tant lorsque nous écoutons de la musique que lorsque nous lisons, parlons à quelqu'un, ou regardons une scène. L'activité à cet instant précis doit être la seule chose qui compte, à laquelle nous nous donnons pleinement. Si nous nous donnons pleinement. Si nous nous concentrons, peu importe ce *que* nous sommes en train de faire ; les choses importantes, comme les choses secondaires, prennent une nouvelle dimension de réalité parce qu'elles absorbent toute l'attention. Apprendre à se concentrer exige que l'on écarte, dans la mesure du possible, toute conversation futile, c'est-à-dire toute conversation qui n'est pas authentique. Si deux individus s'entretiennent de la croissance d'un arbre qu'ils connaissent l'un et l'autre, ou

2 Alors qu'en Orient, et en particulier dans les cultures indiennes, il existe un nombre considérable de théories et de pratiques en cette matière, c'est au cours des dernières années que des principes analogues ont été suivis en Occident. A mon avis, l'école la plus significative est celle de Gindler, qui vise à développer le sentiment de son propre corps. Pour comprendre la méthode Gindler, cf. également le travail de Charlotte Selver, dans les conférences et cours qu'elle a faits à la New School, à New York.

de la saveur d'une viande qu'ils viennent de manger ensemble, ou d'une expérience commune dans leur travail, une telle conversation peut être pertinente, pourvu qu'ils expérimentent ce dont ils parlent, et n'en traitent pas d'une façon abstraite ; par contre, une conversation peut porter sur des questions de politique ou de religion, tout en étant futile ; il en est ainsi quand les interlocuteurs parlent par clichés, quand leur cœur n'est pas dans ce qu'ils disent. Ajoutons que, s'il est important d'écarter les conversations futiles, il est tout aussi important d'éviter les mauvaises fréquentations. Par mauvaises fréquentations je ne me réfère pas seulement aux gens qui sont vicieux, destructeurs, et dont le contact est à éviter parce qu'il est toxique et déprimant. J'entends aussi les automates, les gens dont l'esprit est mort bien que leur corps soit vivant ; ceux dont les pensées et la conversation sont triviales, qui jacassent au lieu de parler et qui avancent des opinions toutes faites au lieu de penser. Cependant, il n'est pas toujours possible, ni même nécessaire, d'éviter leur fréquentation. Si on ne réagit pas selon leur attente – c'est-à-dire par clichés et par lieux communs – mais en termes directs et humains, on constate souvent qu'ils modifient leur attitude, surpris par le choc de l'inattendu.

Se concentrer signifie essentiellement savoir écouter. La plupart des gens prêtent l'oreille, et donnent même des conseils, sans au fond écouter réellement. Ils ne prennent pas au sérieux la parole de l'autre, pas plus que leur propre réponse. En conséquence, la conversation les fatigue. Sans doute se figurent-ils qu'ils seraient encore plus fatigués s'ils écoutaient avec concentration. Mais c'est l'inverse qui est vrai. Toute activité accomplie avec concentration rend plus alerte (bien qu'après coup s'installe une fatigue naturelle et bénéfique), tandis que le manque de concentration engourdit – et en même temps contrecarre le sommeil nocturne.

Se concentrer signifie vivre pleinement dans le présent, dans le ici et maintenant, sans penser à ce que l'on fera par la suite. Inutile de dire que la concentration est à pratiquer surtout par ceux dont l'amour s'étend à tous. Ils doivent apprendre à être proches des autres sans se réfugier dans les chemins battus. Au début, la pratique de la concentration sera difficile ; on aura l'impression que jamais on n'atteindra le but. Que la patience soit donc requise, il est à peine besoin de le souligner. Si l'on méconnaît que chaque chose a son temps, et si l'on veut forcer les choses, jamais on ne réussira à se concentrer – ni à aimer. Pour se faire une idée de ce qu'est la patience, il suffit d'observer un enfant qui apprend à marcher. Il tombe, retombe et tombe encore, et pourtant il poursuit ses tentatives, continue à progresser, jusqu'à ce qu'un jour il marche. Que ne réaliserait la personne en croissance si elle avait la patience d'un enfant, et sa concentration, dans les quêtes qui lui sont importantes !

Sensibilisation à soi-même

L'apprentissage de la concentration va de pair avec la *sensibilisation à soi-même*. Qu'est-ce que cela signifie ? Adopter une attitude réflexive, s'ausculter sans cesse, ou quoi ? Si nous avions à parler de sensibilisation à une machine, ce ne serait guère difficile à expliquer. Tout conducteur, par exemple, « sent » sa voiture. Il relève le moindre bruit inhabituel, le plus infime changement dans la reprise du moteur. Il est sensible aux dénivellations de la route, aux manœuvres des voitures qui le précèdent et le suivent. Ce n'est pas qu'il soit en train de *penser* à tous ces facteurs, mais son esprit se tient dans un état d'attention flottante, ouvert à tous les changements significatifs dans la situation sur laquelle il se concentre – l'obligation de conduire sans accident.

En fait de sensibilisation à un autre être humain, nous en trouvons l'exemple le plus clair dans la réactivité d'une mère à son bébé. Elle perçoit un désir, une crainte, certains changements physiques, avant qu'ils ne s'expriment ouvertement. Les cris de son enfant la réveillent alors qu'un autre son, plus bruyant, n'aurait pas troublé son repos. Tout ceci signifie qu'elle est sensibilisée aux manifestations de la vie de son enfant ; elle n'est pas anxieuse, elle ne se tracasse pas, mais elle se tient dans un état d'équilibre alerte, réceptive à toute communication signifiante qui émane de l'enfant. Dans un sens analogue, on peut parler de sensibilisation à soi-même. Je suis conscient, par exemple, d'un sentiment de fatigue ou de dépression, et plutôt que de m'y abandonner et de l'entretenir par les pensées déprimantes qui sont toujours à ma disposition, je me demande : « Qu'est-il arrivé » ?, « Pourquoi suis-je déprimé » ? Je fais de même en relevant dans quelles circonstances je suis irrité, en colère, enclin à la rêverie ou à toute autre forme d'évasion. L'important est de prendre conscience de ces états, et non de les rationaliser de mille et une manières possibles ; en outre, d'être ouvert à notre voix intérieure, qui nous renseigne – en général assez immédiatement – sur les motifs de notre dépression ou de notre irritation.

L'individu moyen est sensibilisé à ses processus corporels : le moindre changement, un malaise infime, il le perçoit facilement, car il dispose d'une certaine image du bien-être. Par contre, en ce qui concerne les processus psychiques, une telle sensibilisation est beaucoup plus rare, faute d'avoir connu quelqu'un qui « fonctionnait » de façon optimale. Bien des gens prennent comme norme le fonctionnement psychique de leurs parents et de leurs proches, ou du groupe social dans lequel ils sont nés, et aussi longtemps qu'ils n'en diffèrent pas, ils se sentent normaux et ne s'interrogent pas sur leur prétendue normalité. Nombreux sont ceux, par exemple, qui n'ont jamais rencontré une personne aimante, ou une personne intègre, courageuse, ou capable de concentration. Or, il est clair que, pour devenir lucide envers soi-même, il faut avoir l'image d'un fonctionnement humain complet et sain. Mais comment acquérir une telle expérience si on ne l'a pas réalisée durant son enfance, ni plus tard ? Cette question n'admet pas de réponse simple, mais elle met en évidence un facteur extrêmement critique dans notre système d'éducation.

Alors que nous enseignons le savoir, nous oublions cet enseignement qui est d'une importance majeure pour le développement humain : l'enseignement que seule communique la présence d'une personne mûre, aimante. A des époques antérieures de notre propre civilisation, ou en Chine et aux Indes, l'homme jouissant de la plus haute estime était celui doté de qualités spirituelles éminentes. Même le maître n'était pas seulement, ni surtout, une source d'information, mais il avait pour tâche de transmettre certaines attitudes humaines. Dans la société capitaliste contemporaine – et ceci vaut aussi pour le communisme russe – les hommes proposés à l'admiration et à l'imitation sont tout, sauf porteurs de qualités spirituelles significatives. Ce sont essentiellement, aux yeux du public, ceux qui donnent à l'homme moyen un sentiment de satisfaction substitutive. Les vedettes de cinéma, les animateurs d'émissions radiophoniques, les journalistes, les personnages importants dans le monde politique ou économique, voilà les modèles qui nous sont offerts. Leur principale qualification pour remplir cette fonction est souvent d'avoir réussi à occuper l'actualité. Toutefois, la situation ne semble pas désespérée. Si l'on considère le fait qu'un Albert Schweitzer a pu devenir célèbre aux Etats-Unis, si l'on se représente les multiples possibilités de rendre notre jeunesse familière avec les personnalités vivantes et historiques qui témoignent de la capacité des êtres humains de se réaliser humainement, si l'on songe aux grandes œuvres littéraires et artistiques de tous les temps, il semble qu'il y ait encore une chance d'instaurer la vision d'un bon fonctionnement humain, et donc de sensibiliser à un mauvais fonctionnement. Si nous ne réussissions pas à maintenir vivante la vision d'une existence mûre, il ne nous resterait plus qu'à considérer comme probable la totale disparition de notre tradition culturelle. Cette tradition ne se fonde pas d'abord sur la transmission d'un programme de connaissances, mais de certains traits spécifiquement humains. Si les générations futures n'ont plus la vision de ces traits, une culture vieille de cinq mille ans s'effondrera, même si les connaissances acquises se transmettent et se développent davantage.

Exigences propres à l'amour : l'objectivité, remède au narcissisme

J'ai discuté jusqu'ici de ce qu'exige la pratique de *tout* art. Je discuterai maintenant des qualités qui ont une signification particulière pour l'aptitude à aimer. Conformément à ce que j'ai dit sur la nature de l'amour, la principale condition de son accomplissement est de *surmonter notre narcissisme.* L'orientation narcissique porte à n'éprouver comme réel que ce qui existe en nous, tandis que les phénomènes du monde extérieur sont vidés de leur réalité propre et sont vécus seulement en fonction de l'utilité ou du danger qu'ils représentent. Le pôle opposé au narcissisme est l'objectivité ; c'est la faculté de percevoir les gens et les choses *tels qu'ils sont,* objectivement, en distinguant cette vue *objective* de celle qui traduit nos désirs et nos craintes. Toutes les formes de psychose se caractérisent par une impuissance à être objectif, ceci à un degré extrême. Pour le malade, la seule réalité qui compte est celle qui existe en lui, le monde de ses désirs et de ses craintes. Il perçoit le monde extérieur comme un symbole de son monde intérieur, comme sa création. Nous faisons tous de même quand nous rêvons. Dans le rêve nous produisons des événements, nous échafaudons des drames, qui sont l'expression de nos voeux et de nos peurs (parfois aussi de nos intuitions et de notre jugement), et aussi longtemps que nous dormons, nous sommes convaincus que le produit de nos rêves est aussi réel que la réalité perçue à l'état de veille.

Le malade ou le rêveur est *complètement* incapable d'avoir une vue objective du monde extérieur ; mais tous, nous sommes plus ou moins malades, plus ou moins dans la situation du rêveur ; nous avons tous une vue partiellement subjective du monde, une vue déformée par notre narcissisme. Est-il besoin de donner des exemples ? En s'observant, en observant ses proches, ou en parcourant les journaux, on en trouvera facilement. Ils ne diffèrent que par le degré de distorsion narcissique de la réalité. Une femme, par exemple, téléphone à un médecin, lui dit qu'elle désire venir à sa consultation l'après-midi. Le médecin lui répond qu'il n'est pas libre l'après-midi, mais qu'il peut la recevoir le lendemain. Et elle, de répondre : « Mais, docteur, je n'habite qu'à cinq minutes de votre cabinet ». Qu'il n'y ait pas pour *lui* un gain de temps parce que pour *elle* la distance est si courte, c'est ce qu'elle ne saisit pas. Elle vit la situation sur un mode narcissique : du fait qu'*elle* gagne du temps, *il* gagne du temps. La seule réalité qui compte à ses yeux, c'est elle-même.

Bien qu'elles présentent un caractère moins absolu, ou peut-être seulement moins ostensible, les distorsions sont tout aussi répandues dans la sphère des relations interpersonnelles. Combien de parents n'évaluent-ils pas les réactions de leur enfant en fonction de son obéissance, de la satisfaction qu'il leur procure, de l'honneur qu'il leur fait, et ainsi de suite, plutôt que de se montrer attentifs et même de s'intéresser à ce que l'enfant éprouve pour lui-même et par lui-même ? Combien d'époux n'ont-ils pas l'impression d'avoir une femme dominatrice, alors que c'est l'attachement qu'ils portent à leur propre mère, qui les incite à interpréter toute demande comme une restriction à leur liberté ? Combien d'épouses ne se figurent-elles pas que leur mari est inefficace ou borné, simplement parce qu'il ne répond pas à l'image fantasmatique du brillant chevalier qu'elles ont peut-être construite dans leur enfance ?

Sur le plan des rapports internationaux, le manque d'objectivité est tout aussi notoire. Du jour au lendemain, on décrète qu'une autre nation est complètement dépravée et diabolique, tandis que l'on exalte la grandeur et la sagesse de sa propre nation. Nos actes et ceux de l'ennemi sont jugés d'après des étalons différents. Même un geste conciliant de l'adversaire passe pour une manœuvre particulièrement démoniaque, destinée à nous abuser, nous et le reste du monde, tandis que nos gestes les plus répréhensibles apparaissent nécessaires et justifiés par la noblesse de notre cause. Incontestablement, si l'on examine les rapports entre les nations, comme entre les individus, on est amené à conclure que l'objectivité est l'exception et qu'un plus ou moins grand degré de distorsion narcissique est la règle.

La faculté de penser objectivement est la *raison* ; l'attitude affective qui sous-tend la raison est l'*humilité*. Etre objectif, utiliser sa raison n'est possible que si l'on a acquis une attitude d'humilité, si l'on s'est libéré des rêves d'omniscience et d'omnipotence qui hantèrent notre enfance.

En ce qui concerne la pratique de l'art d'aimer, l'implication est la suivante : étant donné que l'amour est fonction de l'absence relative de narcissisme, il importe que nous cultivions l'humilité, l'objectivité et la raison. Toute notre vie doit être vouée à ce but. Humilité et objectivité sont indivisibles, comme l'amour. Je ne puis être réellement objectif envers ma famille si je ne le suis pas à l'égard des étrangers, et vice versa. Si je veux apprendre l'art d'aimer, je dois tendre à l'objectivité dans chaque situation et devenir sensible aux situations où l'objectivité me fait défaut. Je dois essayer de voir la différence entre l'image, narcissiquement déformée, que *je* me fais d'une personne et de son comportement, et la personne telle qu'*elle* existe réellement, abstraction faite de mes intérêts, de mes besoins et de mes craintes. La capacité d'être objectif et d'utiliser sa raison se situe à mi-chemin dans la maîtrise de l'art d'aimer, mais encore faut-il que nous sachions exercer cette capacité envers tous ceux que nous rencontrons. Vouloir réserver cette objectivité à la personne aimée et s'imaginer qu'on peut s'en dispenser dans sa relation au reste du monde, c'est s'exposer ici et là à un échec rapide.

Foi rationnelle et foi irrationnelle

L'aptitude à aimer dépend de notre capacité d'émerger du narcissisme ainsi que de la fixation incestueuse à la mère et au clan ; elle dépend de notre capacité de croître, de développer une orientation productive dans notre relation au monde et à nous-mêmes. Ce processus d'émergence, de naissance, d'éveil, requiert une qualité comme condition nécessaire : la *foi*. La pratique de l'art d'aimer exige la pratique de la foi.

Qu'est-ce que la foi ? Est-elle nécessairement une affaire de croyance en Dieu, ou en des doctrines religieuses ? Est-elle forcément en contraste, ou en divorce, avec la raison et la pensée rationnelle ? Pour commencer à comprendre le problème de la foi, il faut distinguer la *foi rationnelle* de la *foi irrationnelle*. Par foi irrationnelle, j'entends la croyance (en une personne ou en une idée) qui se fonde sur la soumission à une autorité irrationnelle. Au contraire, la foi rationnelle est une conviction qui s'enracine dans notre propre expérience de pensée et de sentiment ; elle n'est pas d'abord une croyance en quelque chose, mais la qualité de certitude et de fermeté qui marque nos convictions. En ce sens, plutôt qu'une croyance spécifique, la foi est un trait de caractère qui anime la personnalité entière.

La foi rationnelle s'enracine dans une activité productive à laquelle participent l'intelligence et l'affectivité. Dans la pensée rationnelle, dont on suppose que la foi est exclue, la foi rationnelle est une composante importante. Comment l'homme de science, par exemple, arrive-t-il à une découverte ? Se met-il à faire expérience après expérience, à rassembler un fait après l'autre, sans avoir la vision de ce qu'il s'attend à découvrir ? Il est rare qu'une découverte réellement importante ait jamais été faite de cette manière, comme il est rare que les gens aboutissent à d'importantes conclusions lorsqu'ils se contentent de pourchasser des fantasmes. La démarche d'une pensée créatrice dans tout champ d'activité humaine commence souvent par ce qu'on peut appeler une « vision rationnelle », celle-ci prenant appui sur une étude préalable extensive, sur la réflexion et sur l'observation. Quand l'homme de science réussit à rassembler un assez grand nombre de données, ou à élaborer une formulation mathématique qui rend hautement plausible sa vision de départ, on peut dire qu'il est parvenu à une hypothèse expérimentale. Une analyse soigneuse de cette hypothèse pour en tirer toutes les conséquences, et l'accumulation de données qui la soutiennent conduisent à une hypothèse plus adéquate et finalement peut-être à son inclusion dans une théorie de grande portée.

L'histoire de la science abonde en exemples de foi dans la raison et dans la vision d'une vérité. Copernic, Kepler, Galilée et Newton étaient tous pénétrés d'une foi inébranlable dans la raison, foi qui valut à Bruno d'être brûlé sur un bûcher et à Spinoza d'être excommunié. A chaque étape, en partant de la conception d'une vision rationnelle jusqu'à la formulation d'une théorie, la *foi* est nécessaire : foi dans la vision comme objectif rationnellement valable à poursuivre, foi dans l'hypothèse comme proposition vraisemblable et plausible, et foi dans la théorie finale, au moins jusqu'à ce qu'un consensus général sur sa validité ait été obtenu. Cette foi s'enracine dans l'expérience propre de chacun, dans la confiance qu'il a en son pouvoir de pensée, d'observation et de jugement. Alors que la foi irrationnelle est l'acceptation de quelque chose comme vrai *parce qu'*une autorité ou la majorité l'affirme ainsi, et uniquement pour cela, la foi rationnelle s'enracine dans une conviction autonome, fondée sur l'observation et sur la productivité d'une pensée personnelle, *en dépit de* l'opinion de la majorité.

Pensée et jugement ne sont pas le seul champ d'expérience où la foi rationnelle se manifeste. Dans la sphère des relations humaines, la foi est une qualité indispensable de la fraternité et de tout amour vrai. « Avoir foi » en une autre personne signifie être certain de la fidélité et de l'inaltérabilité de ses attitudes fondamentales, du cœur de sa personnalité, et de son amour. Je n'entends pas par là qu'une personne ne puisse changer d'opinion, mais que ses motivations de base restent les mêmes ; par exemple, que son respect pour la vie et pour la dignité humaine fait partie intégrante d'elle-même et n'est pas sujet à changement.

En ce sens également, nous avons foi en nous-mêmes. Nous sommes conscients de l'existence d'un soi, d'un noyau immuable dans notre personnalité, qui se maintient à travers notre vie en dépit des circonstances diverses, et malgré certains changements dans nos opinions et sentiments. C'est ce noyau qui est la réalité sous-jacente au mot « Je », et sur lequel se fonde la conviction de notre identité. Si nous ne croyons pas dans la permanence de notre soi, notre sentiment d'identité est menacé et, par contrecoup, nous tombons dans la dépendance d'autrui dont l'approbation devient alors la base de notre sentiment d'identité. Seule la personne qui a foi en elle-même est capable d'avoir foi dans les autres, parce que seule elle a la certitude qu'elle sera pareille, demain comme aujourd'hui, et donc qu'elle sentira et agira comme elle l'anticipe actuellement. La foi en soi-même est une condition de l'aptitude à promettre, et étant donné que, comme Nietzsche l'a dit, l'homme peut se définir par sa capacité de promettre, la foi est une des conditions de l'existence humaine. Ce qui importe en amour, c'est d'avoir foi dans son propre amour, dans son pouvoir de susciter l'amour chez les autres, et dans sa stabilité.

Avoir foi en quelqu'un signifie également avoir foi dans ses virtualités. Sous une forme très rudimentaire, c'est la foi d'une mère envers son nouveau-né : qu'il vivra, grandira, marchera et parlera. Toutefois, le développement de l'enfant à cet égard s'effectue avec une telle régularité que l'attente de sa réalisation ne semble pas reposer sur la foi. Il en va différemment en ce qui concerne ces potentialités dont le développement est susceptible d'échec : potentialités de l'enfant à aimer, à être heureux, à utiliser sa raison, et potentialités plus spéciales comme les dons artistiques. Ce sont des semences qui germent et se développent si les conditions favorables à leur croissance sont assurées, mais qui pourrissent si ces conditions font défaut.

Parmi ces conditions, une des plus importantes est que la personne significative dans la vie de l'enfant ait foi dans les virtualités de ce dernier. La présence de cette foi différencie l'éducation de la manipulation. Eduquer, c'est aider l'enfant à épanouir ses potentialités [3]. Par contre, manipuler, c'est ne pas avoir foi dans la croissance des potentialités, mais s'inspirer de la conviction qu'un enfant ne sera sain que si les adultes déposent en lui ce qui est désirable et extirpent ce qui semble indésirable. Point n'est besoin de croire en un robot : en lui aussi, la vie est absente.

La foi dans les autres culmine dans la foi dans l'*humanité*. Au sein du monde occidental, cette foi s'est exprimée dans la religion judéo-chrétienne, tandis que sur le plan séculier elle a trouvé son expression la plus vigoureuse dans l'humanisme politique et social des cent cinquante dernières années. Comme la foi dans l'enfant, elle se fonde sur l'idée que les potentialités humaines sont telles que, dans des conditions favorables, l'homme sera à même d'édifier un ordre social régi par les principes d'égalité, de justice et d'amour. L'édification d'un tel ordre n'étant pas achevée, la conviction que l'homme en est capable requiert la foi. Mais comme toute foi rationnelle, celle-ci n'est pas une pensée engendrée par le désir, mais elle se fonde sur le témoignage des réalisations antérieures de l'humanité et sur l'expérience interne de chaque individu, sur son expérience de la raison et de l'amour.

Tandis que la foi irrationnelle s'enracine dans la soumission à une puissance qui est ressentie comme infiniment forte, omnisciente et omnipotente, et dans l'abdication de sa propre force et puissance, la foi rationnelle se fonde sur l'expérience inverse. Nous avons foi dans la pensée parce qu'elle procède de l'observation et d'une

3 Education a pour racine *e-ducere*, ce qui signifie littéralement conduire hors de, ou faire apparaître quelque chose qui est potentiellement présent.

réflexion personnelles. Et c'est dans la mesure où nous avons expérimenté la croissance de nos propres potentialités, la réalité d'une croissance en nous-mêmes, la force de notre pouvoir de penser et d'aimer, que nous avons foi dans les potentialités d'autrui, dans les nôtres et dans celles de l'humanité. *Le fondement de la foi rationnelle est la productivité* ; vivre de sa foi signifie vivre productivement. Il s'ensuit que la croyance en la puissance (au sens de domination) et l'usage de la puissance se situent aux antipodes de la foi. Croire en la puissance qui existe équivaut à ne pas croire en la croissance de ce qui n'est encore qu'en gésine. C'est une prédiction de l'avenir qui se fonde uniquement sur le présent manifeste, mais qui, en fin de compte, s'avère une grave erreur de calcul dans la mesure où elle mésestime les potentialités et la croissance de l'homme. Il n'y a pas de foi rationnelle dans la puissance. Ou bien on se soumet à celle-ci, ou bien, si on la détient, on a la volonté de la maintenir. Bien que la puissance apparaisse à beaucoup comme ce qu'il y a de plus réel, l'histoire de l'homme a prouvé qu'elle est la plus précaire de toutes les conquêtes humaines. Parce que la foi et la puissance s'excluent mutuellement, il n'est pas une seule religion, un seul système politique qui, construit à l'origine sur la foi rationnelle, ne se corrompe et ne perde finalement la force qu'il détenait, lorsqu'il se fie à la puissance ou s'allie avec elle.

La foi exige du *courage*, la capacité de prendre des risques, tout en se tenant prêt à accepter souffrances et désillusions. Qui prône la sécurité comme condition première de la vie ne peut avoir la foi ; qui s'isole dans un système de défense, fondé sur la distance et la possession, se constitue lui-même prisonnier. Pour aimer, comme pour se laisser aimer, il faut avoir le courage de juger certaines valeurs comme étant d'importance ultime – et alors, de faire le saut et de tout miser sur elles.

Ce courage est très différent de celui dont Mussolini parlait avec vantardise quant il agitait le slogan : « vivre dangereusement ». Son courage apparaît empreint de nihilisme et procède d'une attitude destructrice envers la vie : on consent à exposer sa vie gratuitement parce qu'on est incapable de l'aimer. Le courage du désespoir s'oppose au courage de l'amour, comme la foi dans la puissance s'oppose à la foi dans la vie.

Y a-t-il une pratique en matière de foi et de courage ? Certes, la foi est requise à chaque instant. Il en faut pour élever un enfant, pour s'abandonner au sommeil, et aussi pour entreprendre un travail. Mais cette foi nous est pour ainsi dire familière. Celui qui en est dépourvu se fait mille soucis pour son enfant, souffre d'insomnie, échoue dans n'importe quel travail productif ; ou bien il se sent méfiant, dans l'impossibilité d'être proche de quiconque, ou encore hypocondriaque, ou incapable de s'engager dans des projets à long terme. Ne pas nous départir de notre jugement sur telle ou telle personne alors que l'opinion publique ou un fait inattendu semblent le contredire, persévérer dans nos convictions même lorsqu'elles sont impopulaires, – voilà qui demande de la foi et du courage. Il en faut également pour envisager chaque difficulté, chaque revers de la vie, comme un défi qui nous rendra plus forts si nous le relevons, plutôt que comme un châtiment immérité qui n'aurait pas dû *nous* échoir.

La pratique de la foi et du courage commence par les petits détails de la vie quotidienne. Observons où et quand nous manquons de foi, comment nous rationalisons nos défaillances pour les dissimuler, dans quelles circonstances nous agissons lâchement et comment nous rationalisons nos lâchetés. Efforçons-nous de discerner comment chaque trahison de la foi nous affaiblit et comment notre faiblesse accrue conduit à une nouvelle trahison, et ainsi de suite, dans un cercle vicieux. Ce faisant, nous nous rendrons compte que, *si notre peur consciente est de ne pas être aimé, notre peur réelle, mais généralement inconsciente, est d'aimer.* Aimer signifie se compromettre sans garantie, se livrer sans réserve, en espérant que notre amour engendrera l'amour dans l'aimé. L'amour est un acte de foi, et qui a peu de foi a peu d'amour. Peut-on en dire davantage sur la pratique de la foi ? Oui, sans doute. Si j'étais poète ou prédicateur, j'oserais m'y risquer. Mais n'étant ni l'un ni l'autre, je ne puis que me taire. Reste que je suis convaincu d'une chose : celui qui s'implique réellement peut apprendre à avoir la foi, tout comme un enfant apprend à marcher.

Orientation active et productive

Une attitude indispensable à la pratique de l'amour, et dont nous avons seulement fait mention dans un des chapitres précédents, doit être explicitée ici tant elle est fondamentale : c'est l'*activité*. Comme je l'ai déjà dit, je n'entends pas par là « faire quelque chose » ; il s'agit plutôt d'une activité intérieure, de l'usage productif de nos facultés. L'amour est activité ; si j'aime, je suis dans un état constant d'intérêt actif vis-à-vis de la personne aimée, quoique pas uniquement vis-à-vis d'elle. Je serais, en effet, incapable de me référer activement à la personne aimée si j'étais paresseux, si je ne me tenais pas dans un état de vigilance active. Le sommeil est la seule situation qui convient à l'inactivité, l'éveil est la seule où la paresse ne devrait avoir aucune part. Le paradoxe est qu'aujourd'hui bien des gens sont à moitié endormis quand ils sont éveillés, et à moitié éveillés quand ils sont endormis, ou disposés à dormir. Pour ne pas s'ennuyer ni être ennuyeux, ce qui de toute évidence est une des principales conditions de l'amour, il faut être pleinement éveillé : être actif en pensée, en sentiment, avec ses yeux et ses oreilles, tout au long de la journée, sans se contenter de recevoir ou de thésauriser, sans perdre carrément son temps. Il est utopique de croire que la vie puisse être compartimentée. On ne saurait être productif dans le domaine de l'amour sans l'être dans tous les autres domaines. La productivité exclut une telle division du travail. Pour aimer, nous devons nous tenir dans un état d'éveil intense, de puissante vitalité, qui implique nécessairement une orientation productive et active en de nombreuses sphères de la vie.

Distinction entre amour et équité

L'art d'aimer ne peut d'ailleurs se limiter au plan personnel de l'acquisition et du développement des attitudes qui ont été décrites dans ce chapitre. Il est inséparablement lié au plan social. Si aimer signifie avoir une attitude aimante envers chacun, si l'amour est un trait de caractère, il doit se manifester non seulement dans notre relation à nos parents et amis, mais aussi dans nos contacts professionnels et dans nos relations d'affaires. Il n'existe pas de « division du travail » entre l'amour envers les siens et l'amour envers les étrangers. Au contraire, le premier conditionne le second. Prise au sérieux, cette vérité entraînerait sans aucun doute un changement profond dans les relations sociales auxquelles nous sommes accoutumés. Alors que l'idéal religieux de l'amour du prochain ne reçoit qu'une part minime d'hommages sincères, c'est le principe d'*équité* qui, au mieux, détermine nos relations. Etre équitable, c'est s'abstenir de frauder et de tricher, tant dans l'échange des biens et des services que dans l'échange des sentiments. « Je vous donne autant que vous me donnez » (qu'il s'agisse de l'amour ou de biens matériels), est la maxime éthique qui prévaut dans la société capitaliste. On peut même dire que le développement d'une éthique de l'équité est la contribution éthique particulière de la société capitaliste.

Les raisons de ce fait tiennent à la véritable nature de la société capitaliste. Dans les sociétés pré-capitalistes, l'échange des biens était déterminé soit par la force directe, soit par la tradition, soit encore par des liens personnels d'amour ou de fraternité. Dans le capitalisme, le facteur déterminant entre tous est l'échange sur le marché. Que nous ayons affaire au marché des biens, du travail ou des services, chacun échange ce qu'il a à vendre contre ce qu'il souhaite acquérir, suivant les conditions qui lui sont faites, sans user de la force ni de la fraude.

L'éthique de l'équité prête elle-même à confusion avec l'éthique du Commandement suprême. La maxime « agissez envers les autres comme vous aimeriez que les autres agissent envers vous » peut être interprétée comme suit : « soyez équitables dans vos échanges avec les autres ». Mais en fait, dans son acception originelle, cette maxime était une version populaire du précepte biblique : « Aime ton prochain comme toi-même ». Or, il est clair que la conception judéo-chrétienne de l'amour fraternel diffère entièrement de l'éthique de l'équité. Aimer son prochain, c'est se sentir responsable de lui et ne faire qu'un avec lui. Par contre, faire preuve d'équité, c'est *ne pas* se sentir responsable ni un, mais distant et séparé ; c'est respecter les droits de son prochain, mais sans nécessairement l'aimer. Ce n'est pas par hasard que le Commandement suprême est devenu aujourd'hui la maxime religieuse la plus populaire : parce qu'il peut être interprété en termes d'une éthique de l'équité, il est la seule maxime religieuse que chacun comprend et accepte de pratiquer. Mais la pratique de l'amour exige que, dès le départ, nous reconnaissions la différence entre l'équité et l'amour.

Pratique de l'amour dans la société actuelle

Ici, cependant, se pose une question importante. Si toute notre organisation sociale et économique se fonde sur la recherche, par chacun, de son propre intérêt, sur un égotisme tempéré seulement par l'équité, comment encore entreprendre des affaires, comment agir dans le cadre de la société existante et en même temps pratiquer l'amour ? Celui-ci n'implique-t-il pas que l'on abandonne toutes les préoccupations de ce siècle et que l'on partage la vie du plus pauvre ? Cette question a été posée et a reçu des moines chrétiens, et de personnalités comme Tolstoï, Albert Schweitzer et Simone Weil, une réponse radicale. D'autres [4] soutiennent la thèse d'une incompatibilité foncière entre l'amour et la vie normale dans notre société. Ils en arrivent à conclure que parler d'amour aujourd'hui, c'est en fin de compte participer à la mystification générale : dans le monde actuel, prétendent-ils, seul un martyr ou un fou peuvent aimer, de sorte que toute discussion sur l'amour n'est autre chose qu'un sermon. Ce point de vue très respectable conduit facilement à une rationalisation du cynisme. Actuellement, il est partagé de façon implicite par l'individu moyen qui raisonne comme suit : « J'aimerais être un bon chrétien, mais j'en serais réduit à mourir de faim si je prenais mon aspiration au sérieux ». Ce « radicalisme » s'achève dans le nihilisme. Tant les « penseurs radicaux » que l'individu moyen sont des automates sans amour, et la seule différence entre eux est que ce dernier n'en est pas conscient, tandis que les premiers le savent et reconnaissent la « nécessité historique » de ce fait.

---

4 Cf. l'article de Herbert Marcuse, The Social Implications of Psychoanalytic revisonism, *Dissent,* New York, summer, 1955.

J'ai la conviction que soutenir la thèse d'une incompatibilité absolue entre l'amour et la vie « normale » n'est correct qu'en un sens abstrait. Sans doute le *principe* sous-tendant la société capitaliste et le *principe* de l'amour sont-ils incompatibles. Mais perçue concrètement, la société moderne est un phénomène complexe. Celui qui est préposé à la vente d'un produit inutile, par exemple, ne peut pas fonctionner économiquement sans mentir ; par contre, un travailleur qualifié, un chimiste ou un médecin le peuvent. De même, un cultivateur, un professeur, et bien des hommes d'affaires peuvent s'efforcer de pratiquer l'amour sans cesser pour autant de fonctionner économiquement. Même si l'on reconnaît que le principe du capitalisme est incompatible avec le principe de l'amour, on doit admettre que le capitalisme est en lui-même une structure complexe et sans cesse mouvante, qui s'accommode encore d'une bonne part de non-conformisme et de latitude personnelle.

Est-ce à dire que, si le système social actuel se maintient indéfiniment, on puisse malgré tout espérer la réalisation de l'idéal d'amour fraternel ? Certainement pas. Dans le système actuel, ceux qui sont capables d'amour sont forcément des exceptions : l'amour est par nécessité un phénomène marginal dans la société occidentale contemporaine. Non tellement parce que des occupations nombreuses ne permettent pas une attitude aimante, mais parce que l'esprit d'une société centrée sur la production, avide de richesses, est tel que le non-conformiste est le seul à pouvoir se défendre contre lui avec succès. Dès lors, si on prend l'amour au sérieux en le considérant comme la seule réponse rationnelle au problème de l'existence, on est forcé de conclure que des changements importants et radicaux dans la structure de notre société sont indispensables pour que l'amour devienne un phénomène social, et non plus marginal, hautement individuel. Dans le cadre modeste de cet ouvrage, nous ne pouvons que suggérer l'orientation de ces changements. Notre société est dirigée par une bureaucratie administrative, par des politiciens professionnels ; les individus sont mus par la propagande, leur but est de produire et de consommer plus, comme fins en soi. Toutes les activités sont subordonnées à des objectifs économiques, les moyens sont devenus des fins ; l'homme est un automate – bien nourri, bien vêtu, mais sans préoccupation majeure pour sa qualité et sa fonction spécifiquement humaines. Pour que l'homme soit en mesure d'aimer, il faut qu'il réintègre la place suprême qui lui revient. Plutôt que de servir la machine, il doit être servi par elle. Il doit être habilité à partager l'expérience, à partager le travail, plutôt que, dans le meilleur des cas, à partager les profits. La société doit être organisée de telle façon que la nature sociale, la nature aimante de l'homme, ne soit pas disjointe de son existence sociale, mais ne fasse qu'un avec elle. S'il est vrai, comme j'ai tenté de le montrer, que l'amour est la seule réponse saine et satisfaisante au problème de l'existence humaine, alors toute société qui contrecarre le développement de l'amour doit à la longue périr de sa propre contradiction avec les exigences fondamentales de la nature humaine. Non, parler de l'amour, ce n'est pas « prêcher », car c'est parler d'un besoin ultime et réel en chaque être humain. Que ce besoin ait été obscurci n'implique nullement qu'il n'existe pas. Analyser la nature de l'amour, c'est découvrir son absence générale aujourd'hui et critiquer les conditions sociales qui en sont responsables. La foi dans la possibilité de l'amour comme phénomène social, et non comme phénomène individuel d'exception, est une foi rationnelle qui se fonde sur l'intuition de la véritable nature de l'homme.

Collection dirigée par :
Anne Ancelin-Schützenberger
André de Peretti
Jean-Louis Monzat

Claude Steiner
A quoi jouent les alcooliques. Une nouvelle approche de l'analyse transactionnelle.
Erich Fromm
L'art d'aimer.
Carl Rogers
Autobiographie.
Fanita English
Aventures en analyse transactionnelle et autres vraies histoires.
Fondation Royaumont
Les Cadres en mouvement.
Miguel de la Puente
Carl Rogers, de la psychothérapie à l'enseignement.
Dominique Barrucand
La catharsis dans le théâtre, la psychanalyse et la psychothérapie de groupe.
André de Peretti
Contradictions de la culture et de la pédagogie.
Thomas Harris
D'accord avec soi et les autres. Guide pratique d'analyse transactionnelle.
Dr Rosie Bruston
De la méthode Vittoz à la psychologie des profondeurs.
Michel Leverrier
Demandes... et psychiatrie de secteur.
Rollo May
Le désir d'être.
Claude Steiner
Des scénarios et des hommes.
Michel Bon
Développement personnel et homosexualité.
Gérald Bernard Mailhiot
Dynamique et genèse des groupes.
Theodor Reik
Ecouter avec la troisième oreille.
Marie-Françoise Fromont
L'enfant mimeur. L'anthropologie de Marcel Jousse et la pédagogie.

Jacques Texier
L'entretien provocateur. Une méthode de sélection des cadres dirigeants.
François Marchand
Evaluation des élèves et conseils de classe.
Stephanie Matthews Simoreton
La famille, son malade et le cancer.
Gustave Nicolas Fischer
La formation quelle utopie. Questions autour d'une expérience pédagogique avec des comités d'entreprise.
Jacques Durand-Dassier
Groupes rencontre marathon.
Helen Durkin
Le groupe en profondeur.
Dr Carl Simonton, Stephanie Matthews Simonton, James Creighton
Guérir envers et contre tout. Le guide quoditien du malade et de ses proches pour surmonter le cancer.
S.H. Foulkes, Asya L. Kadis, Jack D. Krasners et Charles Winick
Guide du psychothérapeute de groupe.
Serge Couillaut
Humanisation du travail dans l'entreprise industrielle.
Xavier Audouard
L'Idée psychanalytique dans une maison d'enfants.
René Lourau
L'illusion pédagogique.
Jean Cournut et Sophie-Danielle Dehaut
L'ilot « asocial » et son école.
Dora Kalff
Le jeu de sable. Méthode de psychothérapie.
William Schütz
Joie. L'épanouissement des relations humaines.
André de Peretti
Liberté et relations humaines, ou l'inspiration non directive.
Drs Bernard Vincent, Jacques Catta, Albert Guernigon, Paul Guyon, Pierre Mechinaut
Le médecin, le malade et la société.
Guy Le Boterf et François Viallet
Métiers de formateurs. Comment décrire leurs situations professionnelles.
Dr Grete-Anna Leutz
Mettre sa vie en scène : le psychodrame.
Anne Ancelin-Schützenberger
L'observation dans les groupes de formation et de thérapie (en réimpression).
Simone Ramin, Germain Fajardo
Perception de soi par l'attitude et le mouvement.
Dr Rosie Bruston
Petit manuel de rééducation psychosensorielle en psychothérapie Vittoz.
Dr Alexander Lowen
La Peur de vivre.
Zerka T. Moreno
Psychodrame d'enfants.
Carl Rogers, Rollo May, Abraham Maslow, Gordon Allport et Herman Feifel
Psychologie existentielle.
François Marchand et Patrick Vincelet (publié sous la direction de)
Le Psychologue et l'éducation.
Roberto Assagioli
Psychosynthèse. Principes et techniques.
S.H. Foulkes et E.J. Anthony
Psychothérapie de groupe. Approche psychanalytique.

Jacques Durand-Dassier

Psychothérapie sans psychothérapeute. Communauté de drogués et de psychotiques.

Suzanne Dedet

Relaxation psychosensorielle dans la psychothérapie Vittoz.

André de Peretti

Risques et chances de la vie collective.

Raymond Hostie

Session de sensibilisation aux relations humaines. Guide pratique.

Pierre Weill

Le sphinx. Mystère et structure de l'homme.

Jacques Durand-Dassier

Structure et psychologie de la relation.

André Lapierre et Bernard Aucouturier

La symbolique du mouvement. Psychomotricité et éducation.

J.L. Moreno

Théâtre de la spontanéité

Laura Sheleen

Théâtre pour devenir... autre

Virginia Satir

Thérapie du couple et de la famille.

William Glaser

La « thérapie par le réel »

Georges Guelfand, Roland Guenoun et Aldo Nonis

Les tribus éphémères. Une expérience de groupe.

Jay Haley

Un thérapeute hors du commun : Milton H. Erickson.

Yannick Geofroy, Patrick Accolla, Anne Ancelin-Schützenberger

Vidéo... formation et thérapie. D'autres images de son corps.

Jacques Dropsy

Vivre dans son corps.

(20ᵉ édition - 92ᵉ mille)

Achevé d'imprimer en mars 1987
dans les ateliers de Normandie Impression S.A.
à Alençon (Orne)
pour le compte des éd. Desclée de Brouwer
N° d'imprimeur : 870459
N° d'éditeur : 87-23
Dépôt légal : avril 1987